把握大势

大宗商品市场、价格与供给安全研究

周　适◎著

中国市场出版社
China Market Press
·北京·

图书在版编目（CIP）数据

把握大势：大宗商品市场、价格与供给安全研究 / 周适著. —北京：中国市场出版社有限公司，2022.10
ISBN 978-7-5092-2262-1

Ⅰ. ①把… Ⅱ. ①周… Ⅲ. ①商品市场–市场管理–研究–中国 Ⅳ. ①F723.8

中国版本图书馆CIP数据核字（2022）第179589号

把握大势：大宗商品市场、价格与供给安全研究

BAWO DASHI：DAZONG SHANGPIN SHICHANG JIAGE YU GONGJI ANQUAN YANJIU

著　　者：周　适
责任编辑：晋璧东（874911015@qq.com）
出版发行：中国市场出版社
社　　址：北京市西城区月坛北小街2号院3号楼（100837）
电　　话：（010）68033539/68036672/68020336
经　　销：新华书店
印　　刷：河北鑫兆源印刷有限公司
成品尺寸：170mm × 240mm　开　　本：16开
印　　张：14　字　　数：270千
图　　数：23　表　　数：21
版　　次：2022年10月第1版　印　　次：2022年10月第1次印刷
书　　号：ISBN 978-7-5092-2262-1
定　　价：88.00元

“真山水之川谷，远望以取其势，近看以取其质”。

宏观取大势，微观取实质。

——郭熙《林泉高致》

目录

第一章　大宗商品概述

内容摘要： 大宗商品是国民经济、国防工业、科技发展、人民生活必不可少的基础原材料，是提升国家综合实力和保障国家安全的关键性战略资源。大宗商品的生产和消费具有在地理空间上分离的显著特征。我国是全球第一大大宗商品进口国和消费国，但主要大宗商品资源禀赋不足，对外依存度高。研究大宗商品市场供需格局、做好大宗商品保供稳价对我国经济社会具有重大的意义。

第二节　全球大宗商品价格形成主导权的现状及历史演进过程

一、全球大宗商品价格形成主导权的现状

（一）从基准价格来看，大宗商品价格形成主要参照期货价格

全球大宗商品现货贸易普遍采用“期货价格+升贴水”的定价模式。原油贸易主要参考三大期货价格：伦敦国际石油交易所（ICE）的北海布伦特原油（Brent）期货合约价格，纽约商业交易所（NYMEX）的德克萨斯中质油（WTI）期货合约价格和轻质低硫原油期货价格，迪拜商品交易所（DME）的Oman原油期货合约价格。

有色金属价格方面，全球70%的铜贸易以伦敦金属交易所（LME）的铜期货价格作为定价基准，美国国内贸易则以纽约商品交易所（COMEX）的铜期货价格作为定价基准，中国国内贸易以上海期货交易所（SHFE）的铜期货价格作为基准价。

升贴水由供需双方协商定价，占价格的比重不到3%，反映不同品牌和交货地点间的价格差异。全球电解铝现货贸易普遍采用“基准价+升贴水”的定价模式。国际市场以伦敦金属交易所的铝期货价格作为定价基准。中国国内贸易通常以上海期货交易所的铝期货价格或者现货市场（长江有色网、上海有色网、中铝）报价作为基准价，升贴水

由供需双方协商确定。

稀有金属价格形成主要参照现货市场价格，也参考伦敦金属交易所期货价格。稀有金属的国际定价主要依据传统的贸易双方磋商价，参考《英国金属导报》（*MB*）等媒体发布的报价，这些报价主要是通过对全球各地贸易协议中双方磋商价的不完全采样形成的。同时，钴和钼的价格形成也参考伦敦金属交易所的期货价格。

（二）从定价规则来看，大部分期货交易遵循全球主要交易所的交易规则

全球最有影响力的期货交易所包括：伦敦国际石油交易所（ICE：主要交易布伦特原油等能源产品）、纽约商业交易所（NYMEX：主要交易WTI原油和贵金属）、伦敦金属交易所（LME：主要交易有色金属）、芝加哥期货交易所（CBOT：主要交易农产品）等。这些交易所的大宗商品期货交易量遥遥领先于全球同类市场。也就是说，绝大部分期货贸易都是在全球主要期货交易所的交易规则下成交的，遵循全球主要期货交易所的定价规则。因此，从价格形成主导权定义外延的两个构成要素——价格基准和定价规则来看，全球主要期货交易所可被认为是全球大宗商品的定价中心。最新的实证研究也佐证了这一结论。上海期货交易所（2016）以价格影响力和交易规模这两个指标，对全球有色金属定价中心的量化评分表明，伦敦金属交易所的总分高达0.978，上海期货交易所的总分为0.018，纽约商品交易所的总分为0.004。具体参见表4-1所示。

表4-1 全球有色金属定价中心影响力

项目＼类别	LME	SHFE	COMEX
价格影响力	1	0	0
交易规模	0.78	0.18	0.04
总分	0.978	0.018	0.004

数据来源：LME，SHFE，Reuters.

二、全球大宗商品定价中心的形成

全球大宗商品定价体系经历了现货市场定价→现货与中远期市场定价两种模式共存→期货市场定价的演变历程。以有色金属为例，19世纪中期以前，英国作为世界最大的铜、锡生产国，通过皇家交易所（Royal Exchange）为国内有色金属的现货贸易进行市场化定价。19世纪下半叶，英国国内资源枯竭，需要从海外大量进口矿产。为了对冲价格波动风险，伦敦金属交易所建立了中远期交易，逐渐从现货市场发展成现货和中远期相结合的市场。LME吸引了欧洲大陆的产业机构参与交易，逐渐发展成为欧洲有色金属贸易的定价中心。几十年后，美国取代英国成为全球最大的铜生产国，全球铜产业形成了两种定价模式，其中，美国市场采用几家寡头铜生产商公布的现货价格作为定价基准，美国以外的市场经济国家则普遍参照LME期货价格。20世纪80年代以来，LME彻底确立了全球有色金属定价中心的地位。

美国和中国则存在着两个区域性的定价中心。随着美国生产商影响力的大幅减弱，美国国内逐步过渡到以COMEX期货价格作为基准的定价模式，中国国内贸易主要参照SHFE期货价格，同时也参照长江有色网等现货市场价格。

三、全球定价中心的交易制度——以LME为例

伦敦金属交易所成立于1877年，是全球有色金属交易的定价中心。目前在LME进行交易的有色金属期货和期权合约主要有铜、铝、锌、铅、锡、镍、钴、钼等品种，同时也有以上述合约为基础的指数合约。合理的交易方式、结算交割仓储制度、会员制度和监管制度，赢得了全球主要的金属贸易商对LME规则和价格形成的认同，巩固了LME在有色金属价格形成中的地位。

（一）多种类、互为补充的交易方式

伦敦金属交易所采用三种基本交易方式：圈内交易（floor trading）、办公室间交易（inter-office trading）和电子交易（LME select）。

一是圈内交易。圈内交易形成的LME官方价格能够为全球现货贸易提供基准价。圈内交易必须要经过场内交易的会员进行，在每个公司的现场席位后面均有一个助手负责传递交易指令至场内。圈内交易均采用公开喊价制度，交易时间为伦敦时间11:40—17:00，该制度目前已经运行了120多年。圈内交易时间比较短，总交易量的比例较小，其交易的不足需要由场外交易和电子交易来补充。

二是经纪公司办公室间交易。目前已成为LME最主要的交易方式。在圈内交易官方结算价格报出来后，经纪公司办公室之间的场外交易开始。投资者能够在屏幕系统报价上看到一个指示性的价格，然后电话联系经纪人，可以同时交易若干个品种。办公室间的电话交易可以24小时不间断地进行交易，交易目的是调整公司在主要交易场次中未能完成的持仓结构。

三是电子交易。LME在2001年推出了电子盘交易，客户可以直接通过处理器来交易所有LME期货和期权合约，交易时间为伦敦时间1:00—19:00。电子交易成交量的60%～80%发生于经纪公司之间。

（二）便利的结算、交割和仓储制度

一是交割制度及仓储体系。LME运作成功的精髓在于其合理的交割制度和仓储制度。LME的客户和会员来自于世界各地，LME在全世界设有交割仓库400多个，主要分布在欧洲、美国、中东和远东等地区的32个港口或陆地，能够很好解决异地交割问题，使LME客户能够将期货和现货交易紧密结合，金属产品可以在全球范围内自由流动。

二是结算制度。在LME交易规则下，金属期货和期权合约无需每日结算，而是在交割日进行结算，从而给予投资者更多的操作空间，有利于增加市场的流动性。尽管这种结算制度会引发系统性风险，造成市场额外的波动，但能够有效减少结算成本。

三是美元报价、多币种交易。所有的LME交易品种均采用美元报价，但可以采用英镑、欧元和日元等国际通用货币结算。这种交易方式提高了市场的流动性，为各个品种的成功运作提供了市场基础。

（三）具有风控和管理功能的分级会员制度

伦敦金属交易所巧妙地利用分级会员制度平衡了风险控制与吸引流动性之间的矛盾。多层次的分级会员制度使得只有合格的投资者才能进入市场从事不同风险等级的交易，相当于设立了多重的风险缓冲区，增强了交易所控制风险的能力。

LME主要的会员分为五个层级。一级会员（圈内会员RDMS）可以参与三种交易模式（圈内交易、办公室交易、电子交易），签发LME合约（替客户买卖金属），并且是LME清算所的会员。二级会员（经纪清算会员ABCMS、经纪非清算会员ABMS）不能参与圈内交易，其他权力与一级会员相同。以上两级会员是LME交易中最重要的构成部分。三级会员不能参与圈内交易，也不能替客户签发合约。四级会员可以签发LME合约，但不是LME清算所的会员。五级会员可以作为客户与一、二、四级会员进行交易。

对于合格的投资者，LME能够比其他交易所赋予它们更多的操作空间，从而对合格投资者产生更强的吸引力。例如，LME不设有涨跌幅制度，交易者有巨大的盈利空间，我国大陆的期货交易所则执行严格的涨跌幅制度。LME一类和二类经纪公司均为做市商，而我国规定经纪公司不能做客户的庄家。LME经纪公司对于大客户可以采用授信交易，不需要缴纳保证金和维持保证金，减少了大量的资金占用，我国则只能开展保证金交易。

由会员制度对交易所进行管理也是LME的一大特色。与世界其他国家不同，LME采用会员自行管理制，清算也由相对独立的部门——伦敦清算所（LCH）完成。而其他大多数交易所包括我国的交易所，虽然也采取会员制度，但交易所不由会员管理，而是有自己独立的管理层。

（四）多管齐下的监管制度

LME交易量的95%为英国以外的交易量，开放程度很高，对监管形成了不小的挑战。LME的监管制度主要由以下元素构成。

一是英国金融监管局（FSA）承担着综合监管职能。英国金融监管局类似于我国银保监会和证监会的复合体，承担着银行、证券、期货和保险的监管功能。

二是中央清算机构负责资金风险控制。资金风险控制是风险控制的核心环节。LME所有的清算均通过伦敦清算公司来完成。交易双方均要在伦敦清算公司存入大致相当于合约金额预期的每日最大变化值的保证金。若保证金低于合约价值，必须补足到令清算公司满意的安全保证数额为止。当市场行情剧烈波动、市场风险巨大时，伦敦清算公司会要求进一步增加保证金，甚至强制平仓。

三是交易所负责交易风险控制。交易所的市场监控部负责动态监管交易的所有品种，动态地调整期货合约的交易情况。采用分级会员管理和合约分级结算来化解风险。

四是仲裁程序。LME的仲裁委员会根据长期在贸易实践中形成的惯例进行裁决，并得到英国相关法律和执法机构的认可，由贸易界代表、而不是律师担任仲裁员，从而能够快速并符合实际地解决经济纠纷。

第三节　主导全球大宗商品价格形成的结构性权力

全球大宗商品定价体系从现货市场定价演变为期货市场定价之后，厘清掌握价格形成主导权的主体并解释其如何掌握了主导权就更为复杂。从表面上看，期货价格是买卖双方自由竞价的结果，但自由竞价并不能解释“亚洲溢价”问题的出现。本书认为，买卖双方的自由竞价并不是真正的“自由”，而是在特定的交易规则和制度框架下进行的。少数机构和国家通过掌握了交易规则和制度的制定权，使得其他市场参与者不得不在该框架下和范围内作出选择，从而以一种隐性的方式真正掌握了价格形成的主导权。

价格形成主导权的这种隐性和根本的来源就是结构性权力。根据苏珊·斯特兰奇的分析框架，结构性权力有四个方面和作用途径，分别是金融结构、生产结构、知识结构和安全结构。本书根据研究对象和时代特征对斯特兰奇的分析框架进行了调整，从金融结构、生产结构、贸易结构和制度结构等四个方面分析了不同国家和主体如何行使结构性权力，影响全球大宗商品价格形成。某个国家或市场主体能够在其中一种（或多种）结构上占有优势，并通过该结构运用其结构性权力，而另一些主体则能够在其他结构上占据优势和运用权力，由此形成了大宗商品全球市场的博弈格局。

一、支撑全球价格形成主导权的金融结构

金融结构被定义为支配信贷可获得性的各种安排以及决定各国货币之间交换条件的所有要素。金融结构性权力拥有者——国家或市场主体可以通过三种途径来掌控全球大宗商品价格形成的主导权。

（一）成为交易货币

结构性权力拥有国的法定货币通常也是全球大宗商品计价和结算的主导货币。主导交易货币的形成有两种方式：一种是“政治”力量约定形成的，例如1974年美国与沙特阿拉伯签订“石油美元”协议，将美元作为国际原油计价和结算的唯一货币。另一种是通过市场机制形成的，当以某国货币计价的大宗商品实际交易额远高于以其他货币计价的交易额时，就奠定了该货币的主导交易货币地位。目前美元是世界第一大贸易（含大宗商品贸易）支付货币。2020年10月，美元在世界支付货币中占比41.71%，占绝对主导地位，欧元（38.52%）和人民币（1.09%）分列第2和第8位。[1]

这种主导交易货币地位使得美国能够通过调整货币政策和汇率政策来影响美元升值或贬值，从而对大宗商品的价格走势产生影响。当美国需要实现打压能源资源生产国的战略意图时，即可以操纵美元进入升值通道，从而不断打压全球大宗商品的价格。反之亦然。

（二）掌控交易中心

国际商品交易所是国际金融机构掌握价格形成主导权的途径之一。国际商品交易所——例如伦敦金属交易所（LME）是全球主要期

[1] 参见：环球银行间金融通信协会SWIFT公布的数据，网址是http://www. swift. com/。

货品种的交易场所和交易基准价格形成的地方。它通过不断推出新的交易品种，通过结算的便利、先进的服务吸引越来越多的交易者，使交易规模、交易量、交易额不断增长，从而进一步巩固其全球定价中心的地位。

结构性权力能够通过交易中心发挥其价格影响力。一是国际金融机构通过股权控制交易中心，进而行使结构性权力主导价格形成。从股权结构来看，全球最大的大宗商品期货交易中心——LME的主要股东除香港交易所之外，还有摩根大通、高盛等国际金融机构。二是国际金融机构通过会员制度控制交易中心。从会员构成来看，目前伦敦金属交易所拥有11个圈内会员，基本上都是英国以外的金融机构。正如前文所述，伦敦金属交易所采用会员自行管理制，交易所由会员管理，金融机构能够在股权控制的基础上通过会员管理制度进一步控制交易中心。两个事例可以表明金融机构通过控制交易中心、进而主导了全球大宗商品的价格形成。2014年5月23日，美国历史悠久的电镀锌企业邓肯镀锌（Duncan Galvanizing）将高盛、摩根大通和嘉能可告上法庭。指责其自2010年以来通过人为操纵伦敦金属交易所金属仓储，使得现货锌自2010年以来多次因出库排队导致供给不足而较期货出现明显溢价，提货商因锌市场供应不足也不得不支付额外的成本。当月，LME首次发布了其全球仓库网络的积压情况报告，证实了嘉能可和高盛旗下的仓库的排队时间已长达两年。2013年，美国密歇根州的一家铝型材公司也起诉伦敦金属交易所和高盛以同样的方式操控铝价。美银美林等机构的报告指出，排队致使出货量有限，导致现货市场溢价不断增长，仓库所有者和贸易商可以从中获利。LME旗下的仓储仓库多数由摩根大通和高盛等金融机构控制，使得大宗商品价格很容易被操纵。[1]

[1] 参见：《第一财经日报》有关《高盛摩根大通涉嫌操控锌价遭起诉》的报道（2014-05-26），网址是http://money.163.com/14/0526/07/9T5F2C1O00253B0H.html.

（三）金融体系有力支持结构性权力形成和发挥作用

一是主导国能够通过金融体系巩固和保障该国货币的交易货币地位。首先，在现有的国际货币体系中，美元是最重要的外汇储备资产。截至2020年第二季度，在已分配的外汇储备中，主要国际货币的占比为：美元61.3%、欧元20.3%、人民币2.0%。[1]其次，美元是主导性汇率锚。截至2018年，38个IMF经济体选择美元作为单一汇率锚，占比19.8%。[2]这种结构使得美国有能力迫使其他国家被动调整货币政策和汇率政策，借此打压其他国家的经济崛起，扰乱其货币金融秩序，削弱外围货币对美元霸权的威胁。美元作为主要汇率锚和储备资产的地位进一步支撑了它作为大宗商品主要交易货币的职能。

二是主导国通过金融体系来巩固和扩大该国国际商品交易中心的地位。主导国具有强大的金融实力、发达的金融中心，使设立在该国的国际商品交易中心具有更便利的结算条件，能够吸引更多的交易参与者，获得更高程度的认可，从而在价格形成方面具有更大的影响力。

二、支撑全球价格形成主导权的生产结构

“生产结构”是决定生产什么、由谁生产、为谁生产、用什么方法生产，以及按什么条件生产等所有安排的总和。拥有生产结构性权力的主体可以通过两种途径来获得全球大宗商品价格形成的主导权。

[1] IMF, “Currency Composition of Official Foreign Exchange Reserves（COFER）”, http://www.imf. org/external/np/sta/cofer/eng/index. htm.

[2] IMF, “Annual Report on Exchange Arrangements and Exchange Restrictions 2019”, https://www.imf.org/en/Publications/Annual-Report-on-Exchange-Arrangements-and-Exchange-Restrictions/Issues/2020/08/10/Annual-Report-on-Exchange-Arrangements-and-Exchange-Restrictions-2019-47102.

（一）控制资源生产

资源生产大国能通过控制资源的供应和走向来行使结构性权力，以影响大宗商品的价格形成。当资源生产国占据卖方垄断地位时，便具有了对消费国的结构性权力。比如，全球铜矿资源分布极不平衡，主要的精炼铜消费国资源相对短缺，需要通过国际贸易来弥补供需缺口。从全球铜矿资源所属地及生产商来看，目前已形成以拉美为主要铜矿资源来源地、欧美与拉美本土矿业企业控制生产的格局。占全球铜矿产出前十位的公司是智利国家铜矿公司、自由港迈克墨伦铜金公司、必和必拓集团、斯特拉塔集团、墨西哥集团、智利安托法加斯塔、力拓、波兰铜业集团公司、南非英美资源集团。铜矿大型精炼厂绝大多数由这些大型铜矿生产企业所控制，其中来自欧美地区的企业占主流（参见表4-2所示）。这些欧美国家和少数拉美国家通过控制全

表4-2　全球主要铜矿精炼厂基本情况

所属企业	所属地区
墨西哥集团	拉美
Fundicion Refimet SA	拉美
力拓集团	欧洲
嘉能可集团	欧洲
斯特拉塔	欧洲
三菱资源公司	亚洲
英美资源集团	欧洲
俄罗斯铜公司CJSC	欧洲
乌拉尔采矿和冶金公司	欧洲
自由港迈克墨伦铜金公司	北美
三菱公司	亚洲
日本矿业和金属集团	亚洲
亚美尼亚铜业项目公司CJSC	欧洲

数据来源：瑞典原材料集团（RMG）。

球大宗商品的生产，获得了对大宗商品进口依赖度高的国家的结构性权力，形成了对消费国的战略优势和“钳制力”。

（二）金融资本与生产资本相结合

国际金融资本与生产资本的紧密结合使得几大矿商掌控价格形成主导权。就微观主体而言，国际金融资本掌握了全球几大矿山的主要股权。全球金属矿主要生产企业的股权分为内部机构和公共基金持有，其股东主要有银行、信托机构、保险机构、金融服务公司等国际金融资本（参见表4–3所示）。国际金融资本与生产资本的紧密结合使得几大矿商能够通过金融结构和生产结构这两个方面的结构性权力，对全球大宗商品的价格形成发挥着极大的主导权。国际金融资本通过炒作期货， 抬高现货价格，从而进一步抬高矿山与全球需求方所协定

表4–3 全球主要铜矿股权分布情况

铜矿公司	是否上市	主要股东
智利国家铜业	否	全资国有企业
自由港迈克墨伦铜金公司	是	机构和公募基金持股73%
必和必拓集团	是	澳大利亚银行、金融服务机构、信托机构，英国银行和信托机构，新西兰银行，美国银行
斯特拉塔集团	是	嘉能可集团，卡塔尔控股公司，黑石集团，挪威银行
墨西哥集团	是	Ishares NAFTRAC（美国），Ishares MSCI（墨西哥），新兴市场基金等公募基金
智利安托法加斯塔	是	智利Luksic家族控股65%
力拓	是	州立农业公共汽车保险公司，WHV投资管理公司，富兰克林资源公司，费舍尔资产管理有限公司，美国凡埃克资产管理公司
波兰铜业集团公司	是	波兰财政部
南非英美资源集团	是	黑石集团、Epoch Two投资控股有限公司，公共投资公司（PIC）

数据来源：瑞典原材料集团（RMG）。

的协议价格。国际资本既能从期货炒作中赚取利润，作为大矿山的主要股东，又能在现货贸易中赚取二次利润。

三、支撑全球价格形成主导权的贸易结构

贸易结构界定了一种权力框架，在这种框架内，提供贸易渠道和网络的主体获得某种权力以决定甚至限制其他主体所面临的选择范围。贸易结构也会给塑造并控制这种结构的主体以额外的“附加收益”，即在贸易结构中掌握结构性权力的主体能够取得特惠和特权。拥有贸易结构性权力的主体可以通过如下三种途径来获得全球大宗商品价格形成的主导权。

（一）掌控贸易网络和渠道

国际矿业巨头通过强大的、遍布全球的贸易渠道和市场网络，使下游消费客户和上游供应商在一定程度上不得不参与和依赖其贸易渠道，从而在价格上获得了对这些参与者的结构性权力。一些国际矿业巨头还控制了大宗商品产业链从生产到流通的各个环节，使贸易结构与生产结构能够形成合力，进一步强化其结构性权力。例如，国际矿业巨头嘉能可公司建立起遍布50多个国家（地区）的全球办事处网络，通过遍布全球的贸易网络来销售自己生产以及从第三方购买的大宗商品，从而能够有力地影响全球大宗商品的价格。

（二）主导国垄断矿石运输

金属矿石协议价格均为到岸价格，价格中包含了海运费用（即运费由买家承担），且海运费在矿石价格中的占比相对较高，是大宗商品矿石国际贸易的谈判重点。能够掌握矿石跨国运输航运安全，提供或者垄

断矿石海运的主体，则拥有影响矿石价格形成的结构性权力。例如，目前负责矿石运输的干散货船控制在以日本为首的几大船商手中，其中仅三井商社就掌握了全球新增散货轮60%的比例。澳洲、巴西和其他国家（或地区）矿石出口的运输基础设施都是依照日本公司的航运和进口基础设施而对应建造的，这使日本公司在从这些国家采购原材料时有很大的议价优势。国际矿业巨头还控制了矿石的陆路运输物流通道，依靠自己的铁路和码头，获得与上游矿山和下游消费企业之间较大的议价能力。

（三）为国际海运提供安全保障

大宗商品价格形成制度同样倚靠全球安全结构的发展。当今全球安全结构由美国等大国主导和塑造，这些大国在中东、拉美、欧洲等主要区域都布设了军事基地，能够有效减少海盗等威胁航运安全的不确定因素，为盟友或准盟友国的海运安全提供保障。这些大国在为盟友或准盟友国提供安保的同时，也获得了对其他国家的结构性权力，使后者在海运上受制于人，在价格博弈中被动接受航运“溢价”。

四、支撑全球价格形成主导权的制度结构

在制度结构中占有关键决策地位的主体获得了权力和权威，进而主导全球大宗商品的价格形成。拥有制度结构性权力的主体可以通过如下三种途径来获得价格形成主导权。

（一）主导国掌握规则制定的主导权

现代交易规则和监管规则是建立在西方古典经济学和西方价格理论基础上的，得到了理论界的广泛认可。欧美国家长期占据世界主流经济学知识的制高点，是国际大宗商品市场主要的交易规则生产者、

传播者和扩散者，并通过物质上的成功使其规则或理念富有吸引力。欧美国家通过结构性权力行使权威和影响力，使加入这个体系的其他外围国家主动或被迫地遵守由欧美制定的国际交易规则和监管规则。欧美国家的矿业巨头和金融机构善于利用其交易规则，操纵价格以获得巨额利润。其他国家的市场参与者在利用交易规则的漏洞进行套利时，往往会受到监管规则的制约。例如，日本住友商社曾试图控制铜现货，逼仓期货空头，但被欧美市场的监管机构注意到，以庞大律师团控告住友，引发铜暴跌，导致住友商社巨亏。[1]

（二）主导国建构起由自己主导的国际组织

国际贸易组织和国际金融组织的发起国和主导国仍是美国等发达国家，其他国家因其金融实力和经济地位，不得不接受国际秩序的安排。国际贸易组织的目标通常是由组织中最强大的国家或者由几个强国之间磋商确定的。借助国际贸易组织和国际金融组织，主导国能将自己制定的规则和理念扩散至广大外围国家，对新的国际和地区规则制定施加影响，从而使规则的发展路径更符合主导国的利益。

（三）通过制度结构影响价格预期

发达国家在知识及研究领域仍然占据主流和权威地位，其在制度结构上的权力资源能够转化为现实的影响力。

首先，国际各大投行发布的研究报告是业内遵从的“风向标”。国际投行通过其研究报告，制造有利于其控股的金属矿山的市场预期，抬高需求方的谈判底线预期，进而抬高全球矿石价格。国际投行在制度结构上的权力屡屡被现实所验证。例如，国际投行发布的行业

[1] 参见搜狐财经有关《铜先生的覆灭：住友是如何在伦敦亏掉40个亿》的报道（2015-09-24），网址是http://www.sohu.com/a/33171297_117959。

研究报告预测“中国需求”会抬高全球大宗商品价格，虽然该结论遭到中方的反驳，但仍然造成了价格的大涨。[1]

其次，国际主要金融机构还掌控了全球大宗商品价格指数的编制和发布。现阶段，大宗商品价格指数对于大宗商品价格形成的影响力和作用越来越大。现货价格指数和期货价格指数正逐渐成为价格形成中较为重要的参照标的。目前，国际上比较有影响力的大宗商品价格指数有伦敦金属交易所编制的伦敦金属期货指数（LMEX指数），路透汤森公司、杰富瑞公司（Reuters）与美国商品研究局编制的TRJ/CRB指数，高盛公司和标准普尔公司先后编制的标普-高盛商品指数（S&P GSCI指数），道琼斯和瑞士联合银行先后推出的道琼斯-瑞士联合银行商品指数（DJ-UBSCI指数），罗杰斯国际商品指数（RICI指数）等，这些价格指数的编制机构大多是国际主要金融机构及其控股公司。这使得国际金融机构能够通过控制指标选取、数据来源、权重分配、编制方法等来操控大宗商品价格指数，影响全球市场预期和大宗商品价格的形成。

上述内容参见图4-1所示，同时参考专栏4-1。

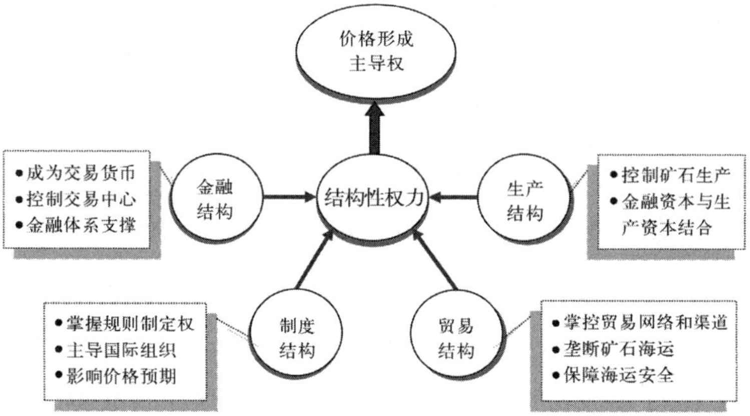

图4-1　结构性权力的作用机制

[1] 参见：人民网、国际金融报有关《投行频频预测铁矿石涨价 谁在“做空”中国钢企》的报道（2010-03-16），网址是http://finance.people.com.cn/GB/11148566.html。

专栏4-1 嘉能可对结构性权力的运用

嘉能可国际控股公司（Glencore International AG）是全球第一大锌、铅和铬铁合金生产商、第三大铜制造商、第四大镍生产商。该公司由马克·里奇于 1974 年创立，总部设在瑞士。产业链涵盖勘探、开发、生产、加工、提炼、采购、运输、仓储、销售和融资。嘉能可综合运用其在金融结构、生产结构、贸易结构方面的结构性权力，对全球大宗商品价格形成发挥着重大的影响力。

一是在金融结构方面使用结构性权力影响价格。嘉能可在全球50多个国家和地区拥有几千名交易员，能够设计和进行复杂的金融交易。嘉能可与国际大型金融机构结成战略联盟，为生产商或贸易商在嘉能可的金属仓储中提供低成本的仓单抵押融资业务，进而放大自身从事大宗商品期货和衍生品交易的能力。2012 年，嘉能可和部分投行通过操纵LME库存，造成铜价格上涨。嘉能可一方面通过仓储吸纳市场上的金属铜，造成现货市场铜供应短缺，使得空头们难以买到现货用于交割。另一方面在LME期货市场上不断买入多单，推动铜期货价格上涨，通过“逼仓”获得巨额利润。嘉能可和部分投行还通过增加显性库存的方式造成供给增加的市场预期，使价格下跌，掌握了对国际市场价格的双向控制能力。

二是在生产结构方面使用结构性权力影响价格。嘉能可通过纵向和横向的投资并购，获得对上游矿石资源和冶炼生产的掌控能力。嘉能可公司是多家大型矿业公司的主要股东，包括斯特拉塔（Xstrata）、俄罗斯铝业联合公司（Rusal）、澳大利亚Minara资源公司、哈萨克斯坦锌业（Kazzinc）、美国世纪铝业（Century Aluminium）、赞比亚莫帕尼铜业公司（Mopani）和刚果（金）加丹加矿业公司（Katanga）等。嘉能可通过股权方式拥有和控制了全球多座矿山和多家精炼厂。例如位于澳大利亚、智利、阿根廷、哈萨克斯坦的多座铜精矿，位于秘鲁、玻利维亚的多座锌精矿和铅精矿，位于美国的多家氧化铝精炼厂，位于意大利、哈萨克斯坦、阿根廷、德国和比利时等国的多家铅锌冶炼厂，位于菲律宾、赞比亚、刚果（金） 等国的多家铜冶炼厂等。嘉能可控制了目标市场超过一半的市场份额，其中金属锌（约60%）、锌精矿（约50%）、金属铜（约50%）、铜精矿（约30%）、氧化铝（约38%）、铝（约22%）、钴（约23%）。在这种高度垄断的生产结构下，嘉能可能够通过控制产出或引导供给预期，有力地影响现货市场和期货市场的价格。

三是在贸易结构方面使用结构性权力影响价格。嘉能可公司建立起遍布50多个国家（地区）的全球办事处网络，主要分布在自然资源产出国和消费国，通过遍布全球的贸易网络来销售自己生产以及从第三方购买的氧化铝、电解铝、铜、铅、锌、镍、钴和铁合金等精矿和金属产品。嘉能可还控制了众多的航运港口和产品仓库，拥有200多艘商船的运输船队。嘉能可通过强大的、遍布全球的贸易渠道和市场网络，使上下游客户参与和依赖其贸易渠道，从而获得了对这些参与者的结构性权力。

第四节　我国在掌握全球大宗商品价格形成主导权方面存在的困难

结构性权力存在于四种各不相同但互相联系的结构中，每一种结构都会影响其他三种结构，也受到其他三种结构的支持或阻碍。从历史发展来看，没有一种结构能够必然地占据主导地位。但在现阶段，我国在金融结构、生产结构和贸易结构上存在明显的短板和困难，使得“上层建筑”——制度结构亦难以发挥力量，严重阻碍了我国掌握全球大宗商品价格形成的主导权。

一、金融结构方面存在的困难

（一）人民币尚未成为全球大宗商品交易的计价和结算货币

目前人民币仅在我国国内以及与少数地区的大宗商品交易中使用，在全球大宗商品实际交易额中的占比也较小，距成为全球大宗商品交易的计价和结算货币还有很大的距离，因此无法通过人民币升值或贬值来影响大宗商品的价格走势。而且人民币汇率一直受美国货币政策和汇率政策的影响，自主性和独立性不足，对人民币获得全球大宗商品交易货币的地位形成了阻碍。

（二）我国尚未拥有全球大宗商品定价中心

上海期货交易所虽然在国际铜价格方面具有一定的影响力，但与LME还有一定的距离。对其他大宗商品品种的价格影响力就更为不足。泛亚有色金属交易所曾一度使我国在铟、锗、镓、铋、钨等稀有金属的价格形成上获得了一定的国际话语权和影响力，但由于“日金宝”挤兑事件，2015年起，泛亚有色金属交易所已停止委托受托业务并进入重组，使我国在稀有金属国际价格的形成上失去了重要的平台支撑。

（三）金融市场的开放度有待提高

我国大宗商品期货市场的对外开放度一直较低，国外实体企业和投资者难以直接参与中国的期货市场交易，无法参与价格形成过程，因此不会把中国的期货交易价格作为现货贸易的定价基准（上海期货交易所，2016）。近年来，我国对资金汇出境外和人民币自由兑换外币进行了更多的限制，使得金融体系更难起到保障人民币成为国际交易货币和支持我国期货交易所成为国际商品交易中心的作用。

二、生产结构方面存在的困难

（一）主要大宗商品品种的产业链两头在外，不利于我国获得价格形成的主导权

我国铜、铝、锡、铅、锌等主要大宗商品资源禀赋不足，矿石原材料高度依赖进口，出口金属产品多为半成品，没有高附加值、可替代性高，由于产业链两端掌握在国际矿业巨头手中，两头受制于人，

因此国内企业几乎无法奢望获得价格的主导权。

（二）产业集中度偏低

我国金属等行业产能分散，经营主体数量偏多、规模偏小，产业集中度低，使得我国难以具有在生产结构方面的结构性权力，我国炼厂因而不具有与矿石生产国讨价还价的重要筹码，在一定程度上只能被迫接受“亚洲溢价”。在我国稀有金属行业也同样如此，例如，在金属铟行业，我国有近120家铟厂，约85%的企业年产量在1.5吨左右，且多数只能加工初级原料产品，国内铟年产量在25吨以上的大型生产企业仅10多家，这造成中国稀有金属“金子卖了豆腐价”的不良局面。[1]

（三）“走出去”控制国际矿产资源的能力不强

相对于欧美和日本等国，我国五矿、中铝等大型企业跨国并购的规模和全球布局远未达到控制生产的格局，市场份额偏小，且优质矿床多数被国际资本和矿业巨头控制，使得我国在大宗商品的国际市场上获得和行使结构性权力的困难重重。

（四）受制于国企体制，难以实现金融资本与生产资本的有效结合

我国大型能源、矿业企业多数为国有企业，受制于国企体制，在期货等金融市场上束缚较多，一些领域无法涉足。此外，大型国有企业决策层次多、灵活性不足，不易在瞬息万变的金融市场上作出迅速反应、抓住机会，获得有利于自身的价格。

---

[1] 参见：单九良发表的文章《泛亚和稀有金属中国梦》，选自第六届国际铟铋论坛演讲稿（2013–05–09），网址是http://www.ometal.com/bin/new/2013/11/27/china/20131127155710775865.htm。

三、贸易结构方面存在的困难

（一）我国贸易商小而散，没有全球布局，在国际运输方面依赖他国

我国虽然是世界第一大大宗商品进口国，但我国的大宗商品贸易商规模偏小，没有国际性大型巨头，也没有全球布局的贸易渠道和网络。在矿石主产国的铁路、码头等水陆联运物流通道建设方面不足。矿石海运的干散货船舶以日本为主导，由于中国在海运方面不占有主导地位，国际金融资本和矿业巨头就能够通过大量租赁干散货船来炒高海运价格，进而抬高矿石到岸价，使得中国进口企业在价格谈判中处于不利地位。

（二）我国仍面临海运安全的挑战

由于我国在海外的主要区域和关键的海上运输通道附近鲜有布设军事基地，难以为矿石海运安全提供足够保障。在一定程度上依赖于美国等大国主导和塑造的全球安全结构，使得我国在海运上受制于人，在价格博弈中不得不被动接受航运“溢价”。

四、制度结构方面存在的困难

（一）建构理论和规则的权威性不足

欧美国家长期占据世界主流经济学知识的制高点，中国即使提出自己的理论和建立于其上的规则，也无法得到国际理论界和实务界的广泛认可。由于在制度结构上的弱势，使得中国在规则问题上的“话

语权”较弱，难以使规则朝向有利于自己的方向发展。

（二）难以打破制度的路径依赖

由于规则和制度具有路径依赖和先入为主的特性，我国很难在现有的国际规则之外推行自己的规则。例如，目前我国国内期货市场产生的期货价格是含税价，价格中除了商品本身的价值以外，还包含国内的增值税等因素。由于这种制度下形成的价格不符合国际贸易惯例，所以难以得到国际市场的认可。

（三）对价格预期的国际影响力相对较弱

国际各大投行发布的研究报告仍是业内遵从的“风向标”。我国的研究机构和金融机构在制度结构上的影响力仍弱于国际投行及欧美研究机构。例如，国际投行发布的行业研究报告预测“中国需求”会抬高全球大宗商品的价格，虽然该结论遭到中方的反驳，但仍然造成了价格的大涨。

第五节　提升我国价格形成影响力的政策建议

一直以来，“中国需求”并没有使我国在大宗商品的价格形成方面具有更大的优势，反而使其成为推动“中国溢价”的主要因素，使得我国付出了更高的进口成本。其根本原因在于结构性权力的分配。跨国公司及其背后的发达国家掌握了结构性权力，从而在大宗商品的价格形成机制中占据主导地位。我国则在全球结构性权力之中处于弱势，因而在大宗商品的价格形成方面始终处于被动地位。我国亟须从4个结构性权力的来源入手，改变自身在现有国际结构中的不利地位，提升我国在全球大宗商品价格形成中的影响力。将大宗商品重要品种资源从一般性大宗商品提升到“战略物资”的高度，强化政府在争取价格形成主导权中的作用，建立起企业–金融机构–政府多主体协作机制。

一、交易货币、交易中心、金融体系多头并进，提升金融维度的结构性权力

（一）坚定不移地稳步推进人民币国际化

稳妥、持续推进资本项目的可兑换，有序放开人民币兑换外币的限制。保持人民币币值基本稳定，增加对IMF的注资，为人民币成为更多国家的储备货币和提升人民币作为特别提款权中的一篮子货币的地位奠定坚实的基础。

（二）打造具有全球影响力的期货交易中心

建设在全球有较大影响力、运营规范、现代化的大宗商品期货交易中心。不断完善期货交易平台规则体系，完善信息发布机制，加快交割仓库全球布局。有序推动期货市场全球化。在大宗商品期货贸易中更多地使用人民币作为计价和结算货币，建立能够客观反映亚太地区乃至全球市场供求关系的基准价市场，实现由国内定价中心→亚太区域性定价中心→全球定价中心的战略转变。

（三）进一步完善我国金融体系

健全金融调控机制，提升中国人民银行的政策独立性，防范和化解金融风险，为市场提供稳定预期。培育发达的金融市场，使融资渠道更加多元，逐步放开对人民币兑换和资金汇出的限制，为国内外投资者提供多样化的人民币产品和服务，以便利其在我国使用人民币开展大宗商品期现货交易。

二、“走出去”与“产业链升级”并举，提升生产维度的结构性权力

（一）加快中国企业“走出去”的步伐

培育支持有国际竞争力的中国大宗商品企业做大做强。积极执行资源外交的战略，支持中国企业有规划地进行全球布局，在海外投资设厂，鼓励企业“抱团”走出去，降低对主要金属矿产生产国的资源依赖，提升我国对全球大宗商品产业链的控制能力。

（二）推进产业高质量发展和转型升级

加大产业技术创新与研发力度，进一步淘汰落后产能，推动相关产业由高资源消耗转向高质量发展，促进产业向附加值高的下游延伸升级，提高大宗商品出口产品的附加值。

（三）探索生产资本与金融市场的有效结合

引导企业合理使用期货市场金融工具进行套期保值。鼓励生产企业与金融机构建立战略合作机制，利用金融资本来提升我国企业并购控制国外资源和产能的能力。

三、多管齐下，提升制度维度的结构性权力

（一）提升规则制定水平和国际影响力

重视并发掘“中国模式”的合理内涵，为世界各国提供能够被理解、认同和接受的规则，提高我国在理论、知识领域的研究水平和国际话语权。

（二）制定并推广由我国机构编制的大宗商品价格指数

整合现有指数编制机构和研究部门的资源，规范大宗商品价格指数编制。做大交易体量、优化品种结构，完善大宗商品指数价格体系，提升中国在大宗商品价格形成方面的影响力。

（三）积极参与和倡导国际组织的治理改革

呼吁改革IMF（国际货币基金组织）的投票权机制，制衡美国的主

导地位，在整体提升发展中国家话语权的同时提升我国的国际影响力。

四、保障远洋航运安全，提升贸易维度的结构性权力

（一）打破少数国家对大宗商品国际航运的垄断

积极发展我国远洋航运产业和大型船舶制造产业，适度强化国防力量，与航线周边国家建立良好的合作关系，维护海外关键资源的交通线和航运咽喉要道的安全。

（二）探索建立覆盖全球主要市场的贸易网络和物流渠道

适度推进资源主产区的铁路、码头、仓储等水陆联运物流通道和设施的建设，支持中资企业建立覆盖全球主要资源产区和产品市场的采购和销售贸易网络。

（三）建立国家战略储备和商业储备相结合的大宗商品战略储备体系

在供给过剩时期，通过储备吸纳来减缓稀有金属低价出口；在价格涨幅过快时，通过储备来调节平抑价格。逐步增加储备能力，加快储备商品轮出节奏和频次，提高我国储备的价格调节能力和资源安全保障能力。

第五章　国际原油价格周期性波动趋势研究

内容摘要：当今世界主要大国的石油地缘政治博弈和经济周期的阶段性变化，推动国际原油价格呈现周期性波动。在上述两种政治经济因素的交织影响下，国际原油市场的供求格局将发生明显变化，推动原油价格进入上行区间。展望2030年，国际原油价格中枢预计将震荡上行至95～100美元/桶。石油地缘政治和原油价格的变化将使我国未来面临更大的风险和挑战。我国与其他石油大国的地缘政治矛盾或将进一步加剧，进口原油成本提高导致国内通胀压力增大。对此，建议拓宽全球原油资源发展新空间，提高我国在国际原油市场上的定价权，健全应对原油价格大幅波动的长效机制，以化解原油市场波动对我国产生的不利影响。

原油是国民经济中最为重要的能源和原材料之一，也是一国重要的战略性大宗商品。不同于一般的大宗商品，原油价格和供求变化的背后是经济力量和政治力量交织作用的结果。石油领域专家丹尼尔·耶金甚至认为“石油，10%是经济，90%是政治”。因此，综合运用经济学和地缘政治学分析方法，分析未来中长期国际原油价格的变化趋势，在全球原油市场风云变幻中掌握主动、应对挑战，具有重大的意义。

第一节　国际原油价格周期性波动的历史规律及原因

一、国际原油价格周期性波动的历史规律

“二战”结束以来，全球原油价格走势经历了4轮周期性波动（参见图5-1所示）。

第一轮周期自1973年至1978年，历时约5年。该周期呈现出强劲的上升阶段，油价从3美元/桶迅速上涨至12美元/桶，涨幅高达288%，但下降阶段较为疲弱。

第二轮周期自1979年至1986年，历时约7年。该周期呈现出较为强劲的上升（涨幅270%）和下降阶段。

第三轮周期自1999年到2008年，历时约10年。该周期的特征是持续强劲的上升阶段和大幅急跌的下行阶段。其中，从1999年至2008年7月，原油价格从最低点9.25美元/桶大幅攀升至150美元/桶，涨幅高达1560%。2008年年中，受美国次贷危机冲击，油价大幅下跌至40美元以下，跌幅约为77%。

第四轮周期自2009年至今，历时已有13年。该周期呈现出短升长跌、大起大落的波动特征。在2009—2011年的上行阶段，价格从40美元/桶大幅攀升至126美元/桶，涨幅高达214%。2011年至2016年，油价经历了一轮大幅下行阶段，三大原油价格一度跌至50美元/桶以下。

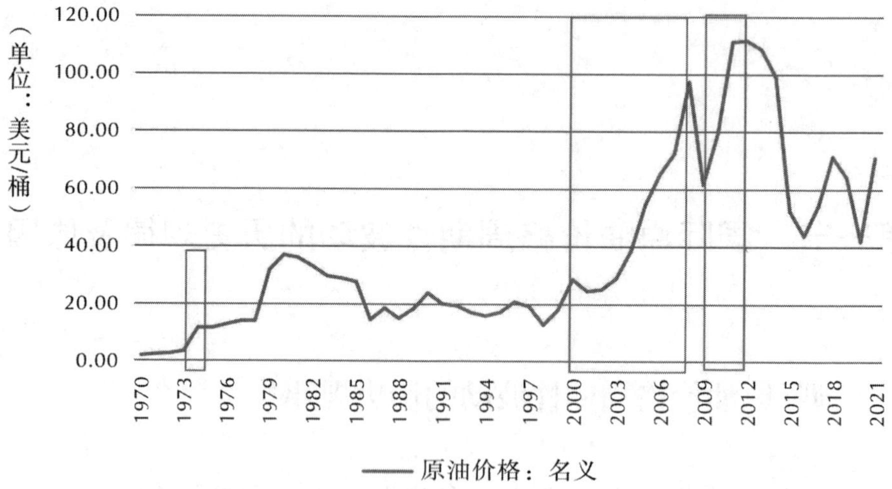

图5-1　世界原油价格走势情况

资料来源：世界银行。

二、原油价格周期性波动形成的原因

（一）以地缘政治为背景的供给力量的推动

地缘政治是供给变化的主要推手，前两轮周期的油价上涨都是地缘政治冲突导致供给下降引发的。

第一轮油价上涨源于1973年10月第四次中东战争的爆发，交战双方分别为美国等西方国家打入中东的“楔子”以色列和欧佩克产油国所支持的阿拉伯国家埃及和叙利亚。当时掌握原油市场控制权的欧佩克产油国以石油为武器，采取原油减产、禁运、提价等措施来打击支持以色列的西方国家，造成国际原油供给大幅减少、价格迅速上升，史称第一次石油危机。

第二轮上涨源于1979年伊朗革命爆发，伊朗霍梅尼政权推翻了之前的亲美政权，为打击西方石油资本，联合OPEC产油国采取禁运等手段中断了占全球1/10的原油出口，引发国际油价急剧上升，史称第二次石油危机。

同样，油价结束上涨也与供给的回升有关。第二次石油危机发生以后，非欧佩克国家大力强化了原油的开采和供给力度，石油消费国建立和扩充石油战略储备，使OPEC对国际石油市场的垄断地位和石油价格的控制能力减弱，造成原油价格大幅下降。供给对最近一轮周期中的油价的下行也发挥了显著的作用。美国、加拿大等国加大了对页岩油等非常规石油的勘探开采，显著增加了原油供给，削弱了OPEC的影响力和控制力，推动原油市场供需格局的改变，对价格形成下行压力。

原油需求的刚性强化了供给方的影响力。原油需求刚性极强，需求曲线中的一段异常陡峭，使得供给方能够通过对原油产量的调整，对原油价格形成很强的控制力和影响力。国际原油价格的前两轮上涨就是OPEC利用其垄断地位，通过减少原油产量，使供给曲线在与需求曲线刚性段相交的区间内向左移动，使得原油价格比一般商品价格出现更大幅度的上涨。同样，随着非OPEC国家原油产量的显著增加，使供给曲线在刚性部分内向右移动，造成油价在短时间内暴跌。

（二）与经济周期相一致的需求力量的拉动

需求增长在油价的周期性变化中起到了重要的拉动作用。一国经济的周期性变化会影响该国的工业产出，进而引起能源需求的变化，最终导致原油价格的波动。20世纪70年代油价的周期性上行和1999—2008年油价的周期性上行分别得益于日本等东亚国家和中国、印度等国的工业化进程加速，从而引发的对石油的巨大需求。

而当世界主要经济体的经济增速连续回落或启动经济结构转型时，往往会导致对大宗商品的需求增速下降，推动大宗商品价格转而进入下行周期。2011年至2016年，全球经济增速放缓和刺激政策的退出导致需求放缓，使国际原油价格面临一轮下跌的走势。

（三）美元指数周期的反方向影响

美元指数周期对原油价格的影响源于石油美元体系。美国经过长期的博弈之后，于1975年与以沙特阿拉伯为代表的OPEC国家达成了以美元进行原油贸易的协定，美元正式成为国际原油计价和结算的货币，石油美元体系诞生。

由于美元是原油的计价单位，在原油真实价值变动不大的情况下，计价货币价值的波动必然会对原油价格产生反向影响。通常情况下，当美元贬值时，以美元计价的原油价格上涨；美元升值时，以美元计价的原油价格下跌。这一影响在石油美元体系诞生后体现得较为明显。其原理如下：

如果美元贬值造成国际上大部分国家的货币相对于美元升值，原油进口国为了购买一定数量的原油所需支付的本币减少，反映在本国市场上就是原油价格降低，这些国家对原油的需求就会上升，如果供给数量不变，就会造成原油的价格上升。对供给方而言，当美元贬值时，美元的实际购买力降低，会使卖出单位原油所能够换来的购买力降低。对于有操控价格能力的世界主要原油生产国来说，收入降低会使其提高售价，最终博弈的结果是原油价格上升。

上述内容具体参见专栏5-1。

专栏5-1　国际原油定价体系的历史演变

国际原油定价体系的演变大体可划分为如下五个主要发展阶段。

第一阶段（1861—1881年）：石油工业兴起，油价暴涨暴跌。在石油工业兴起的最初20年中，石油行业充满短期行为，美国油价经历了三次暴涨暴跌。

第二阶段（1882—1910年）：国际原油垄断价格的形成。1882年，洛克菲勒召开标准石油公司的股东大会，创建了托拉斯，结束了美国石油工业的无序竞争，开始了对美国石油工业长达30年的垄断历程，实现了世界石油工业最早的统一价格。其定价原则是以消费者能够接受和竞争者难以企及的低价格为目标。

第三阶段（1911—1959年）：美国主导下的卡特尔定价。1911年标准石油解体后，一直到1960年欧佩克成立之前，国际石油市场主要为埃克森等“七姊妹”所控制。这些公司掌控了世界主要资源国的石油所有权、开采权、销售权和定价权，并于1927年以国际石油卡特尔形式，通过“阿克纳卡里协议”确立了美国原油离岸价在国际原油定价体系中的统治地位。

第四阶段（1960—1982年）：欧佩克主导下的国际原油定价。1960 年，由中东地区主要石油出口国发起的石油输出国组织欧佩克（OPEC）成立，并逐步取代跨国石油公司，取得石油生产和价格控制权。1973年第四次中东战争爆发，欧佩克对西方国家实行石油禁运，并将原油标价从3.11美元/桶提高到11.65美元/桶，史称第一次石油危机。1975年1月，欧佩克宣布取消标价和市场价这一双重价格机制，实行单一价格制——官价，即现在的欧佩克官方价格，从此持续了90年的廉价石油时代宣告结束。随后，美国为了重新夺回和控制定价权，与欧佩克及俄罗斯等主要产油国之间进行了大量的磨合与博弈。

第五阶段（1983年至今）：具有金融属性的现代国际原油定价体系。鉴于两次石油危机给美国及西方发达国家带来的损失，为重新争夺国际原油定价权，1983年美国纽约商品交易所率先开启了原油期货交易，1988年英国国际石油交易所推出布伦特原油期货合约。石油期货市场的建立不仅彻底打击了欧佩克的石油定价权，同时使得原油兼具金融属性，导致此后的油价波动更为剧烈和频繁。

第二节　望向2030年国际原油价格波动趋势分析

基于对历史规律的分析，本书认为，能够对原油价格长期走势作出较为准确的预测有两种可行的方法：一是从影响原油中长期供给的重要因素——地缘政治入手分析；二是从影响原油中长期需求的重要因素——经济中周期和经济长周期入手分析。

将上述两种政治经济分析方法相结合，从而把握中长期原油价格走势和波动区间。在短期价格走势预测方面，微观层面的供求格局分析和库存周期、美元周期等短周期分析能够更精确地发挥作用。

一、地缘政治与大国博弈对长期原油价格的影响

（一）美国将成为未来10～15年国际石油秩序中最具影响力的国家

望向未来长期，国际石油秩序将对原油价格发挥重要的影响力。

1.未来10～15年中，美国将是全球能源秩序中最具影响力的国家

我们不得不正视的一个现实是，美国正借助三大利器不断增强其控制力和影响力：

一是业已成熟且不断扩张的全球布局来奠定其霸权地位。美国已通过伊拉克战争、阿富汗战争、伊朗核危机等事件成功占据了石油地缘战略的支点，通过政治、经济、外交和军事手段，完成了对中东、中亚、非洲、北美等四大世界主要产油区的关键布局和初步控制。下

一步将力图实现对欧佩克形成有力的打压，全面控制中亚、高加索、里海石油区，实现对非洲产油地区的大面积控制，主导开发北美的油气资源，控制国际石油运输线，抑制和“阻截”其他大国对国际原油的控制和影响。

二是非常规油气的发展增强了生产国对供给的影响力。美国非常规油气的发展从两个方面冲击了现有的国际石油秩序。一方面造成供给过剩、OPEC减产保价机制失效。另一方面使非常规油气成为“浮动”产量，能够比传统产油国更灵活地调节原油的供给。

三是期货等金融市场的发展带来原油定价权的提升。美元作为石油结算货币的地位颠扑不破。纽约商品交易所和伦敦国际石油交易所已几乎垄断了国际上的主要石油期货交易，对国际原油期货价格具有很大的影响力。随着期货等金融衍生品市场的快速发展，美国将在原油定价权方面获得越来越大的权力。此外，美国正在加强与各石油生产国的合作，努力维护和提升美元作为原油主要结算货币的霸主地位。

2.OPEC对国际石油市场和价格的垄断地位将有所削弱，但仍然具有举足轻重的影响力

非常规石油开发利用规模的扩大、俄罗斯等非OPEC产油国的“崛起”和主要石油消费国的石油战略储备规模的不断扩大，将削弱OPEC的影响力和控制力。但由于中东占有世界探明石油储量的60%和国际原油产量的40%，在全球原油市场与国际关系中扮演了突出角色，其对全球原油的影响力仍不可小视。

3.其他非OPEC国家对国际原油价格的影响力将日益扩大，但影响有限

非OPEC国家的原油产量现已超过OPEC国家，还有不断上升的趋势。其中，俄罗斯是非OPEC产油国中非常有话语权的一个国家，单体产量位列世界原油产量第二位。出于能源立国的战略考虑，俄罗斯、玻利维亚等国都在把能源公司国有化，实现石油资源从跨国公司到产

油国的“权力转移”，使俄罗斯等非OPEC产油国的地位和影响力逐渐上升。

（二）主要大国能源战略的变化将促使中长期原油价格温和上升

对世界原油秩序的主导国美国而言，使原油价格保持在65～80美元/桶最符合其国家利益，考虑到通胀因素，到2030年，这一价格区间的上限有可能达到80美元/桶。美国的石油利益有如下两方面的内容。

一方面，美国需打压其他产油大国，保障能源独立和原油来源多元化，以维护其在国际秩序中的霸权地位。为此，美国需推行以下能源战略：一是加强对欧佩克国家的分化瓦解、扶植高成本的非欧佩克产油国，以削弱低成本的欧佩克国家对市场的影响力。由于只有当油价持续保持在55美元以上时，非欧佩克国家才会大规模复产，从而挤占低成本的欧佩克国家份额。二是大力发展页岩油、提高美国在全球原油产出中的份额。近期，美国已调整了新的符合本国利益的石油地缘战略。时任总统特朗普推出的“美国第一能源计划”提出：大力发展美国本土的页岩油气，增加美国本土页岩油气资源的开采，以提升美国国内的能源产品的产量，实现美国的能源独立，保障国家能源安全。由于页岩油成本相对较高，绝大多数页岩油产区无法在60美元/桶以下的价格盈利，因此只有油价维持在65～70美元/桶以上时，美国页岩油才会大幅增产。

另一方面，美国需保障其国内石油消费的低成本，控制原油价格使其不致于过高，从而推高整个经济的生产成本。这就意味着美国应尽力将原油价格控制在80美元以下。

OPEC 组织中最具影响力的沙特阿拉伯面临“操纵”油价的“两难悖论”。沙特阿拉伯拥有世界上最大的原油生产能力和最大的剩余生产能力（闲置产能），据估算大概在每天150万～200万桶，从而为其进行原油市场操纵留有空间。但是，沙特阿拉伯在“操纵”国际油价方面存在“两难悖论”。一方面，将原油价格打压到40美元以下有利于打击伊朗等敌对国家和美国等高成本的页岩油生产国，最符合其国家利益。另一方面，沙特阿拉伯面临的财政危机已不允许其继续实施低油价战略，根据IMF和德意志银行在2015年的测算，维持沙特阿拉伯财政平衡的油价需达到104美元/桶。其他一些OPEC主要产油国也面临着类似的情况。这种两难境地使得OPEC难以实施有效的石油战略来影响国际油价。在两种选择之间，OPEC主要产油国更倾向于提高油价以解决紧迫的财政问题。

主导国的战略必然考虑将使原油长期价格回归长期生产成本以上。原油的长期生产成本在75美元/桶附近，而短期生产成本仅40美元/桶左右。原油井口建设的资本投入以及矿权收购费用等一系列成本都无法反映在短期生产成本中，如果长期内油价不能弥补这些成本，那么很多原油开采企业都会面临破产并退出。因此，从长期来看，油价最终会回归长期生产成本以上，处于75～80美元/桶附近的合理价格区间内。

二、经济周期阶段性变化对长期原油价格的影响

能够对原油价格长期走势产生作用的经济周期主要有库兹涅茨长周期和朱格拉中周期。

库兹涅茨周期在经验上一般长达18～20年，其核心驱动力是房地产和建筑业的兴盛和衰退。全球石油第一大消费国中国最近一轮的库兹涅茨周期从1999年开始。其中，上行阶段从1999年到2013年前后，持续了15年；2014开始进入下行期，从经验规律来看，下行期应在2017年底或者2018年底结束。但由于政府对房地产市场频繁的政策干预，使得下行阶段的判断更加困难。全球石油第二大消费国美国最近

一轮的库兹涅茨周期是从1991年到2010年。其中，上行阶段从1991年至2006年，大约持续了16年；下行阶段从2007年至2010年，大致持续了4年。日前全球原油主要需求国正处于长周期的尾部阶段或已走出一轮周期。到2030年，全球经济将经历一轮新的库兹涅茨周期，其中大部分时间是周期的上行阶段，预计可能带来一轮原油需求的明显增长。

朱格拉周期的长度一般是8～10年，主要驱动力是设备更替和资本投资。全球经济最近一轮的朱格拉周期是从2009年至2016—2017年。各国的朱格拉周期大致同步、小幅错位。目前全球原油主要需求国正走出朱格拉中周期的波谷或已走出一轮周期。到2030年，全球经济将经历一轮到一轮半的新的朱格拉周期，其中，预计有两个上行阶段将与库兹涅茨长周期重叠。在不发生重大外部冲击的情况下，其叠加效应预计可能在2018—2022年或2026—2030年带来一轮全球经济景气度的回升。

三、望向未来长期，原油价格中枢将温和上行

综合上述分析，望向未来10～15年，国际原油价格中枢预计将从50～55美元/桶震荡上行至70～80美元/桶。理由如下：

其一，地缘政治因素将促使原油价格保持在65～75美元/桶。

其二，原油长期价格必然将回归长期生产成本以上，即75～80美元/桶附近。以3%的通胀来计算，到2030年的价格中枢的波动区间为95～101美元。

其三，库兹涅茨长周期和朱格拉中周期的叠加效应预计将带来一轮全球经济景气度的回升，使国际原油价格的波峰有可能达到100美元以上。

考虑到库存周期、美元周期等短经济周期和地缘政治冲突对短期价格的影响，价格中枢的上移将在震荡中逐步完成。

第三节　望向2030年我国面临来自原油领域的挑战和风险

我国作为新兴消费大国迅速崛起，进口原油需求量和对国际原油秩序的影响力不断增强，与西方石油大国和新兴工业化国家的地缘政治矛盾也逐步加剧。同时，由于我国尚未在国际原油定价方面掌握主导权，在一定程度上将被动地接受国际原油价格上涨带来的不利冲击。

一、我国与其他石油大国的地缘政治矛盾将加剧

我国经济体量快速增长，对石油的需求持续增长，但获取国际石油的困难很大。美国、俄罗斯、日本、印度等国从各自的战略利益出发，与我国进行石油争夺。

首先，美国在石油方面对我国的遏制非常明显。在中东、中亚、西伯利亚、非洲和拉美等地区的产油国，美国都有防止我国获得新的石油资源的战略安排。

其次，俄罗斯在对我国的石油供给问题上存在风险。石油对于俄罗斯具有重要的战略意义，近年来石油出口占俄 GDP 的20%以上、外汇收入的 50%~60%、经济增长近 90%的贡献率。中国的崛起壮大，也给俄罗斯造成不小的压力。出于国家利益和地缘政治的考虑，俄罗斯不会轻易将石油提供给中国。中俄“安大线”的流产，中日“安纳线”“泰纳线”的出炉就是俄罗斯这一战略意图的体现和征兆。

再次，中日两国在能源地缘领域的角力将继续升级。中日两国都是原油需求和进口大国，随着我国需求的持续增加，两国对俄罗斯远东、中东、中亚原油资源和油气长输管道的争夺将更加激烈。

最后，我国面临着来自印度的原油资源争夺和竞争。印度与中国、日本同属亚洲地区的石油消费大国，近年来印度经济快速增长带来对国际原油的巨大需求，印度的石油资本必将加速进军中东、非洲等产油地区，对我国与上述地区的石油合作构成挑战。

在这种群雄逐鹿的态势下，我国“走出去”利用国际原油资源，一无丰富有效的经验，二无军事基地，困难重重、挑战很大。

二、进口原油成本提高，会增大国内通胀压力

望向未来10～15年，我国将面临进口原油成本显著提高的问题。目前我国原油的对外依存度已高达65%，我国进口原油大都来自安哥拉、伊朗、利比亚等局势动荡、战乱频发的地区，进口原油的90%要通过我国战略位势薄弱的马六甲海峡，海上运输风险较大，进一步加剧了进口原油价格向上波动的概率和幅度。国际原油价格上行将显著增加我国获取原油的成本。用能成本的提升会通过产业链由上游生产资料向下游商品传导，一直波及到相关的最终消费品。产品价格的变化、特别是价格的上涨会带动生产成本和生活成本的提高，大面积传导至多个相关行业，进而引发产品和服务价格的全面上涨，最终导致价格总水平的上升。如若调控不当或不力，容易对经济增长产生负面冲击。

第四节　应对原油供给风险与价格冲击的政策建议

一、拓宽全球原油资源发展新空间，增加有效供给

（一）拓宽进口原油供给渠道

优化我国的石油战略体系，力争在非洲、中东、俄罗斯、中亚、南美等5个产油区域布局，实现原油进口来源多元化。

推进与安哥拉等非洲产油国多方面合作的深度和广度，进一步通过合作开采等方式参与石油上游的勘探开采和下游的石化行业深加工，或运用优惠贷款、经济援助等方式取得长期供应合同。

加大与俄罗斯、中亚国家在石油领域的合作力度。发挥我国在上海合作组织中的影响力和控制力，力争建设从俄罗斯、中亚经由我国至东亚石油消费国的石油运输管线，加快在俄罗斯远东地区的投资布局。

发展与中东产油国的合作，利用美国将减少从OPEC进口原油的契机，扩大我国从中东进口的规模，通过合作建厂、引进石油美元投资等方式与中东国家建立长期合作机制。

深化与巴西等南美产油国的石油合作，加快布局在巴西东南部贝拉区块的投资和并购。

（二）完善能源进口战略通道

开辟中缅线，使来自中东的原油从缅甸实兑港上岸，通过输油管

线经过曼德勒、中国瑞丽到达昆明。开辟巴基斯坦瓜达尔港至中国新疆喀什的公路、铁路石油运输线，并向东与塔里木油田的石油运输线接通，作为南部运输线的补充。

（三）积极开发利用海外大宗商品资源

加强海外能源基地建设。鼓励国内企业“走出去”，综合运用参股控股、技术合作、资金支持等方式开展国际合作。抓住国外企业寻求重组的机遇进行跨境并购，掌握资源开发权。

（四）增强国内能源资源的供给能力和潜力

提前布局国内原油资源勘探，加大深海和页岩油气开发力度，保持原油必要的自给率。完善财税支持政策，推动可再生能源行业有序发展。通过财税、金融、投融资政策来降低制度性成本，支持企业增强能源资源的供给能力，提升行业竞争力。

二、提高我国在国际原油市场上的定价权和影响力

（一）推进定价机制市场化

加快推进成品油等大宗商品的价格形成机制改革，在竞争主体多元化及有效监管的前提下，实现向实时价格、供需形成价格转变。促使国内外市场、特别是亚太地区市场更为紧密地联动。进一步放开原油进出口环节的市场准入，推动贸易与生产分离，使市场充分竞争，形成发达的现货市场。

（二）大力发展期（现）货交易市场并有序推进期货市场国际化

一是加快发展原油现货交易市场。建设若干在全球和国际区域有

较大影响力、运营规范、现代化的大宗商品现货交易市场。在原油现货贸易中更多地使用人民币作为计价和结算货币，逐步瓦解“石油美元”格局。

二是有序推动期货市场国际化。加快推出以人民币计价和结算的国际原油期货品种，加快交割仓库全球布局，完善期货交易平台和规则体系，完善信息发布机制。加快上海期货交易所、大连商品交易所、郑州商品交易所等国内大型交易所的国际化步伐，建立能够客观反映亚太地区市场供求关系的基准价市场。大力打造全球重要的能源期货交易中心，实现由国内定价中心→亚太区域性定价中心→全球定价中心的战略转变。

三、健全应对国际原油价格大幅波动的长效机制

（一）健全大宗商品储备体系

灵活运用市场机制，合理引导社会资本参与建设、运行和维护储备设施，加快推进多层次储备体系建设，完善政府储备、企业生产经营库存互为补充的储备体系。继续扩大储备规模，使原油储备规模逐步达到90天进口量。针对未来可能出现的能源供给冲击，制定相应增加或释放储备的预案。

（二）综合运用信息发布、金融套期保值等多种工具

加强对供求缺口、进出口、库存变化的监测分析，及时发布市场供求变化与价格波动信息。合理运用政策工具引导企业及时调整采购与生产计划，鼓励企业通过期货市场套期保值以减少风险敞口，从而有效对冲国际原油价格波动导致的成本和收入大幅变化风险。

第六章　国际天然气基准价格的形成基础和监管体系

内容摘要：价格基准的形成需要具备三个关键条件。一是要具备基准交易枢纽。基准交易枢纽是天然气价格指数形成的基础。二是要有买卖双方交易合同的交易中心。交易所或交易中心是天然气合同交易的平台，也是天然气价格形成的基础之一。要形成价格基准，交易中心要在全国、乃至亚太地区拥有规则影响力和价格影响力。三是要有支撑市场化交易的市场结构和制度体系，包括管网独立、第三方公平准入、竞争性的市场环境、放开政府定价等。

现阶段，全球形成了北美、欧洲和亚太地区三大主要的天然气市场。北美和欧洲市场已经发展成熟，分别形成了以美国亨利枢纽（HH）价格和英国国家平衡点（NBP）价格为代表的基准价格，而亚太地区还没有形成基准价格和定价中心。天然气交易枢纽建设、天然气交易中心建设和价格监管是北美和欧洲的天然气基准价格确立形成的重要经验。

第一节 国际天然气交易枢纽的发展历程和经验

一、交易枢纽的定义和分类

交易枢纽是天然气市场基准价格和价格指数形成的基础。交易中心需要以交易枢纽作为基准计价，从而开展交易。交易枢纽是天然气产权交割的地方，交易枢纽提供了实现天然气物理交换的交割地（Trading Point）。交易枢纽需要独立于买卖双方之外，由独立的操作者来运行，为各方提供公平服务。天然气交易枢纽在天然气管网中提供了一个通过价格来平衡供需的点或区域。枢纽价格是通过市场中买卖双方的竞争确定的，是基于天然气市场真实的供需状况所产生的价格，而不是与其他能源商品挂钩的价格或政府确定的管制价格。天然气交易枢纽还能够提供标准化合同、制度准则和价格基准。

目前全球范围内有两种基本类型的天然气交易枢纽：实体枢纽（例如美国的亨利枢纽）和虚拟枢纽（例如英国NBP和荷兰TTF）。国际能源署（IEA）将实体枢纽定义为天然气管网中的一个具体位置点，在这个物理点上确定天然气价格，在此基础上添加输气成本，确定天然气提供给具体地点的价格。虚拟枢纽则针对更广泛的地理区域设定天然气价格，反映的是整个区域的价格，没有与运输成本相关的地区差异，在该区域内交付的天然气需在枢纽价格的基础上添加固定的输气成本。虚拟枢纽适合交付区域相对较小且输气成本固定的市场。实体枢纽是一个具体地点，虚拟枢纽是一个范围。一个天然气交易枢纽不能既是实体枢纽又是虚拟枢纽，但可以随着时间推移，从实体枢纽逐渐扩展为虚拟枢纽。美国亨利枢纽（Henry Hub，HH）和英国国家平衡点枢纽（NBP）分别是北美和欧洲最具代表性、发展最为成熟的交易枢纽，其发展中积累的宝贵经验值得我国借鉴和学习。

二、美国亨利枢纽发展历程和经验

目前美国共有20多个天然气交易枢纽，其中能作为定价基准的只有亨利枢纽。亨利枢纽位于路易斯安那州，是一个实体交易中心，现已发展成为美国最重要的天然气交易枢纽。美国天然气市场在20世纪80年代和90年代初期进行了重组，天然气生产、交易逐渐与管道运输分离，管输服务向所有市场参与者进行非歧视的开放。天然气管输系统改革在促进美国天然气竞争性市场形成的过程中发挥了关键作用。天然气市场的集中度逐步下降，天然气行业的合同结构也逐渐从长期合同转向短期定价，亨利枢纽的现货价格和期货价格开始出现。亨利枢纽于1989年由雪佛龙下属的Sabine管道公司设立。1989 年11 月，纽约商业交易所（NYMEX）将亨利枢纽确定为天然气期货合同交割地。1990年，纽约商业交易所选择亨利枢纽的报价作为其天然气合同的价格依据。亨利枢纽是根据竞争性天然气价格、而不是石油价格指数来确定现货和期货合同的价格。亨利枢纽为整个北美贸易区设定天然气基准价格，亨利枢纽价格已经成为全球领先的天然气价格指标。同时，亨利枢纽也是全球流动性最高的天然气市场，每天交易10万份天然气合同。

三、英国NBP枢纽发展历程和经验

从历史来看，欧洲大陆的天然气贸易传统上是采用长期合约的形式，长期合约的天然气价格与石油产品价格挂钩。2008 年之后，随着油价突破100 美元/桶，与石油挂钩的定价体系开始向基于枢纽定价机制转变。长期合同中逐渐引入现货交易指数，短期合同的使用量不断增加。在欧洲的天然气交易枢纽中，英国的NBP和荷兰的TTF是虚拟枢纽，比利时的ZEE和德国的GPL则是实体枢纽的代表。根据净期货交易量和实际交割量的比值（churn rate）这个常用的评估参数来衡量天然气交易的流动性，英国NBP和荷兰TTF的指标值都在20以上（2015年），德国、奥地利和比利时交易枢纽的指标介于3～5，欧洲其他枢纽的指标值都小于2。[1]

上述内容参见表6-1所示。

表6-1　欧洲主要交易枢纽情况

交易枢纽	所在国	成立时间（年）	类型	主要功能
NBP	英国	1996	虚拟	平衡气量供需、资产配置、套期保值
TTF	荷兰	2003	虚拟	平衡气量供需、资产配置、套期保值
NCG	德国	2009	虚拟	平衡气量供需
GPL	德国	2009	虚拟	平衡气量供需
Zeebrugge	比利时	1999	实际	天然气过境的平衡供需
ZTP	比利时	2012	虚拟	平衡气量供需
PEG	法国	2004	虚拟	平衡气量供需

来源：《欧洲天然气交易市场的特点与启示》（段言志，等）。

英国国家平衡点（National Balancing Point，NBP）交易枢纽是欧洲发展最成熟、影响力最大的基准交易枢纽。20世纪90年代，英国开始了天然气市场的类自由化进程，天然气交易枢纽NBP成立，其运营商是公用事业公司——英国国家电网公司（National Grid plc，NGG）。1997

[1] 施训鹏. 欧洲天然气交易枢纽发展经验及其对中国的启示[J]，天然气工业，2017（8）.

年，伦敦国际石油交易所（International Petroleum Exchange，IPE）推出了首份NBP天然气期货合约。得益于英国较大的天然气市场供需量以及完善的监管制度，NBP快速发展为欧洲天然气价格的基准，不仅具备天然气的实物交割功能，还具有套期保值、投机等金融功能。期货交易占 NBP交易的比重逐年上升，从1997—2004年间的10%左右上升到2012年的近1/3。

第二节　国际天然气交易中心的交易制度与价格形成机制

天然气交易中心是一个实体或虚拟交易平台，通过大量交易来发现现货与期货市场价格，并吸引区域内的天然气交易以此价格作为基准价格。根据牛津能源研究所Patrick Heather的定义，交易中心需达到一定的成熟度，可以供众多市场主体进行交易，可以为天然气资产组合进行金融风险管理。交易中心基于交割地点，有较高的市场透明度和可靠性。根据定义，英国的NBP和荷兰的TTF属于“交易中心”，比利时的ZEE和奥地利的CEGH属于“运输中心”，德国的GPL、德国的NCG、法国的PEGs和意大利的PSV属于“过渡中心”。[1]

具体参见图6-1所示。

一、天然气现货交易中心的交易制度

英国国家平衡点（NBP）在作为交易枢纽的同时，也是英国天然气现货交易中心和伦敦国际石油交易所天然气期货合同的交割地。英国国家平衡点（NBP）的天然气价格是欧洲地区乃至全球天然气价格的重要参照标杆。英国天然气供应长期合同价格、进口天然气价格以及国际天然气贸易价格等均参照NBP天然气价格。随着伦敦国际石油交易所

[1] 对运输中心的定义是：市场参与者进行天然气交易的平台，是真实的运输地点或实体点，它们的最初角色是为大量天然气运输提供便利。对过渡中心的定义是：基于虚拟交易点但是还未达到成熟水平的交易中心，它们大部分是用来吸引交易量并引导逐步向市场价格发展。

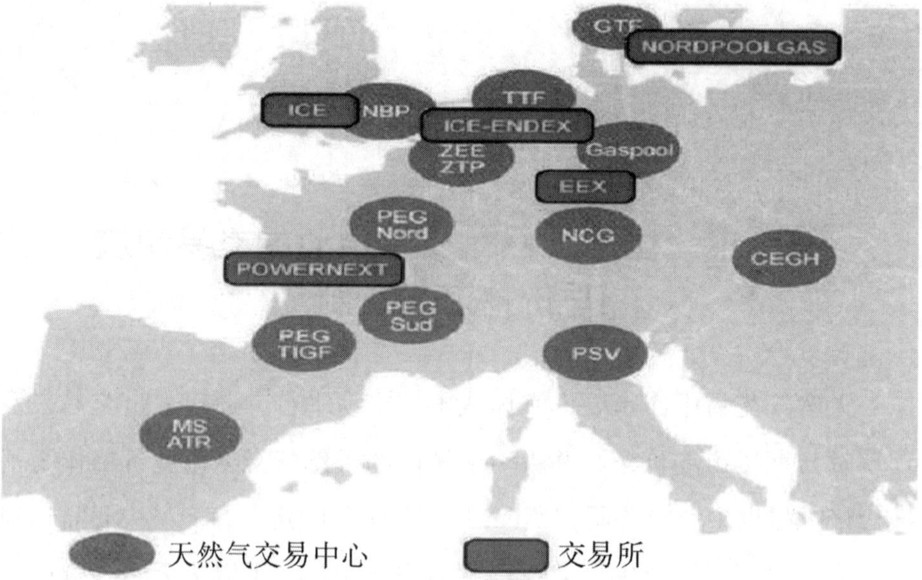

图6–1　欧洲各天然气交易中心和天然气交易所分布图

来源：《欧洲天然气交易市场的特点与启示》（段言志，等）。

的NBP天然气期货交易规模的扩大，NBP期货价格在欧洲乃至全球范围也都有着相当的影响力。

（一）交易模式

英国国家平衡点（NBP）采用在线系统进行交易挂牌、交易磋商和交易履约以及实物交割。NBP的运营公司是Transco。参与在线市场交易的主要是天然气托运商（大约有200多家），托运商与英国天然气高压运输管道公司签订供气合同，并使用合同中约定的管输能力，把天然气输送至NBP并卖给买方，再由买方运输到指定供气点。在整个在线系统交易中，NBP的作用是负责为各方提供运输服务，保持管网系统平衡、跟踪并记录交易量。

（二）合同形式

NBP主要使用日前、平衡、月度、季度和年度等5种天然气合同。日前天然气合同是指提前一日确定次日进行天然气交易交割的合同。月度天然气合同约定在一个日历月内进行天然气交易。NBP天然气现货市场以日前天然气合同和月度天然气合同为主。

平衡天然气合同一般以日或者周为合同约定期限进行交易。季度和年度天然气合同则约定在一个指定季度或年度内进行天然气交割。[1]

标准化的合同NBP97对于英国天然气交易枢纽的成功起到了关键作用，成为英国现货交易合同的基础。

（三）交易规则

NBP的交易通过即期交易商品市场（OCM）实现。即期交易市场就是天然气进入国家管网系统后，就需要在不记名、基于计算机屏幕的当日天然气市场进行交易。[2]为确保高效安全地履行天然气运输合同，NBP的运营公司Transco要求所有使用其运输系统的托运商保证每天输入和输出管网的天然气差额要低于某一规定标准，即保证通过管道系统的天然气总量保持不变。当不平衡总量超过规定标准，造成整个系统不平衡时，Transco必须输入或输出一定量的天然气，以使整个管道系统重新恢复平衡。

用于平衡管道系统的天然气交易量采用拍卖方式，托运商可以通过互联网就交易量和买卖价格进行投标，Transco公司根据使系统恢复平衡的成本最小化原则和投标情况确定买卖价格。

托运商可以在线出售或购买天然气，使自己的运输量维持在规定

[1] 吕淼. 英国构建天然气交易市场的经验与启示[N]. 中国能源报，2018-04-30.
[2] 刘庆海. 建立中国天然气定价基准之研究[D]. 呼和浩特：内蒙古农业大学，2017.

的平衡水平之内。

NBP的独特之处在于采用了灵活机制。在灵活机制中，恢复系统平衡的成本由造成不平衡的托运商承担。由于通过竞标方式确定的这种平衡气价高于一般性生产企业的售气价格，又低于用户的购气价格，这既会给违规的托运商带来经济损失，从而又可以有效防止托运商的违规行为。[1]

二、天然气期货交易中心的交易制度

伦敦洲际交易所ICE（合并了原伦敦国际石油交易所IPE）是天然气期货合同的主要交易平台。ICE天然气交易规则主要包括如下方面。

（一）合约形式

合约种类包括日度、月度、季度（连续的3个月）和半年度（连续的6个月）等四大类。合约规模为每天至少5单天然气，每单1000撒姆（约合2800立方米）。

（二）交易规则

所有合约的交易均通过电子交易系统或期货交换实物系统（Exchange of Futures for Physicals，EFPs）进行。最低价格波动幅度为0.01便士/撒姆。按每日合约数及当日结算价格与上一日结算价格的差额，来计算浮动保证金。按合约到期后没有平仓的合约数量，在英国NBP进行交割。[2]

---

[1] 吕淼. 英国构建天然气交易市场的经验与启示[N]. 中国能源报，2018-04-30.
[2] 曹建军. 英国天然气产业的发展及其启示[J]. 中国物价，2004（1）.

三、天然气市场价格形成机制

第一，NBP每天公布其达成交易的天然气合约数量与价格。

第二，各指数编制机构、价格报告机构、咨询机构及期刊通讯收集天然气交易价格与数量。

第三，伦敦洲际交易所ICE发布月前指数。该指数被普遍用于实物合约，这类合约的定价模式是与指数挂钩。

第四，长期进口合约以NBP作为交付点，其天然气价格通常与NBP的即期交易价格挂钩。[1]

[1] 吕淼. 英国构建天然气交易市场的经验与启示[N]. 中国能源报，2018-04-30.

第三节　成熟市场经济国家天然气价格指数监管体系

真实、有效的价格指数对天然气市场正常运行具有重要的作用。有效的价格指数监管能够克服指数编制中存在的种种问题，使价格指数准确反映市场的实际情况。成熟市场经济国家在天然气价格指数的监管体制和监管方法方面进行了有益的探索和尝试，为我国构建天然气价格指数监管体系提供了借鉴和参考。

一、价格指数监管的必要性

实践中，一些由市场机构发布的天然气价格指数会存在不能正确反映实际交易和实际市场价值的缺陷和问题。天然气期（现）货交易和衍生金融工具参考了这些有缺陷的价格指数，就会产生被“扭曲”的市场价格。

天然气价格指数编制的问题来源于如下几个方面。

一是指数编制所参考的交易信息数量不足，或所参考的交易信息代表性不足。国外天然气指数编制机构所获得的信息绝大部分是由现货市场参与者主动、自愿提交的。由于没有强制性规定市场参与者必须提交他们的全部交易信息，因此一些市场参与者只是选择性地提交对自己有利的信息，从而对天然气指数的准确性产生了负面影响。

二是编制过程和编制方法的不透明和差异性。天然气价格指数编制方法在不同的价格指数编制机构、甚至同一个编制机构内部都有所不同。在数据选择方面，有些编制方法使用了真实的、已发生的交易价格信息；有些编制方法则使用了场内投标、出价和其他相关的市场信息；还有些编制方法不完全是基于交易价格信息，特别是对一些交易不活跃的市场。此外，在时间段的选取和权重分配方面，不同机构也有较大的差异。

由于天然气价格指数编制中存在的主要问题不能完全依靠市场编制机构去自觉、主动地解决，因此需要对价格指数的编制主体、编制方法、编制过程等进行监管，以确保价格指数的准确度和可靠性。天然气价格指数监管的意义主要有如下三个方面。

一是保证市场的有效性。有效价格只能在一个透明、公平、高效的竞争性市场上形成，它依赖于客观、正确的市场交易信息以及及时、公开的信息披露。价格指数监管的目的在于尽可能地消除市场的操纵行为，减少市场价格扭曲，使市场机制能够充分地发挥作用，以实现市场的既定功能。

二是保护市场参与者的利益。对天然气价格指数进行监管能够减少诸如垄断、市场操纵、欺诈、抢先交易等不正当市场行为，以保护不具备信息优势的众多中小市场参与者的利益。

三是降低系统性风险。天然气价格指数不仅会直接影响天然气现货市场和期货市场交易，进而影响下游工业品市场，还能够通过各种基于价格指数的金融衍生品，对多个子市场产生影响。对天然气价格指数的监管不仅能够减少单个市场的风险，而且能够在一定程度上防止风险的蔓延，降低系统性风险发生的可能性。

二、天然气等大宗商品价格指数监管体制设计的国际经验

（一）由国际监管组织实施监管

国际监管组织主要负责对天然气等国际性大宗商品价格指数实施监管。天然气等大宗商品价格指数的国际监管组织主要包括国际证监会组织（International Organization of Securities Commissions， IOSCO）、国际指数协会（Index Industry Association，IIA）、欧洲证券管理委员会（ESMA）等。广义上的监管主体还包括一些议事机制和行业协会，比如20国集团（G20）、国际能源论坛（IEF）等。这些国际监管组织、议事机制和行业协会常采取多方合作的方式，共同行使对天然气等国际大宗商品价格指数的监管职能。由国际监管组织实施的价格指数监管多数不具有强制性，多采用建议的方式来鼓励指数编制机构接受并应用其监管原则或指南。

（二）由政府监管部门实施监管

政府监管部门通常负责对本国编制的天然气价格指数进行监管。在美国，联邦能源监管委员会（FERC）是天然气价格指数的主要监管部门。在英国，英国财政部、金融市场行为监管局（FCA）、英国天然气和电力市场办公室（OFGEM）是天然气价格指数的主要监管机构。在我国，根据2021年发布的《重要商品和服务价格指数行为管理办法（试行）》，政府价格主管部门负责对大宗商品价格指数进行监管，商务部市场运行司也对现货指数实施监督。相比于国际监管组织，由政府监管部门实施的价格指数监管的强制性程度较高，指数编制机构通常必须接受政府监管部门的监管指令。

（三）行业组织自律监管

一些行业组织对天然气价格指数实施自律监管和行业指导。这些行业组织既有国际性、地区性组织，也有一国国内的行业组织，比如美国能源署（IEA）等。自律监管是建立在监管者与被监管者之间相互信任、共同合作的基础上，它的优点是灵活、富有弹性，缺点是人为的因素比较明显。

（四）第三方审计机构协助监管

第三方机构多为国际知名的会计师事务所。例如安永、普华永道会分别不定期地对特定的天然气价格指数编制机构进行审计。这些外部审计通常是受国际监管组织或政府监管部门的委托而实施的，第三方审计机构只是作为上述监管部门的协助机构。

（五）指数编制机构自我审查

天然气价格指数的编制方法和编制程序的日趋复杂，使得监管能力有限、调整滞后的外部监管遇到了严重挑战。因此，引导指数编制机构依据个体特征来建立完善内部控制机制，强化指数编制机构的自律性约束，是天然气价格指数监管的重要组成部分。部分天然气价格指数编制机构已建立实施了价格指数内部审查机制。此外，一些市场参与者、利益相关方和新闻媒体等社会力量也通过评论、质疑等方式参与天然气价格指数的监管。

（六）多主体、多层次监管

实践中，对天然气价格指数的监管常采用几种监管主体相结合的多层次监管。以行业和指数编制机构的自律监管作为监管的第一线，在此基础上，政府监管部门、第三方审计机构和国际监管组织各发挥不同的作用（参见表6–2所示）。

表6–2　代表性大宗商品价格指数监管体制

价格指数	编制和发布机构	监管主体	监管主体类型
普氏价格指数	普氏能源资讯（Platts）	国际证监会、G20、欧盟、安永等	国际监管组织+第三方审计机构

三、天然气等大宗商品价格指数监管方法的国际经验

现阶段，天然气等大宗商品指数监管主要采用基于原则的监管。在这种监管方式下，由监管机构明确提出大宗商品价格指数监管的基本原则，对指数编制方法、编制过程、数据选取、内部控制、外部审计等进行规范，天然气指数编制机构在编制指数时需严格遵照监管原则。基于原则的监管旨在通过制定一整套指导原则，来强化指数编制机构对指数编制的内部控制，并为外部监管提供合理的方法和抓手。

监管原则中较为有代表性的是国际证监会（ISOCO）发布的监管指南。受G20峰会的委托，国际证监会（ISOCO）于2012年发布了针对石油价格指数的监管指南，2013年发布了适用于其他行业的价格指数编制指南，在国际上被各指数编制主体和监管机构所广泛采用。其监管原则的核心内容包括以下七个方面。

（一）对价格指数编制方法进行披露和存档

该原则要求指数编制机构对所有与编制指数相关的标准、程序等内容进行正式存档和披露。这些信息将有助于评估编制方法对价格指数及相关衍生品合约可靠性的影响。具体来说，编制方法应至少包括

和说明以下内容。

（1）用于编制价格指数的所有规范准则和步骤。包括指数编制机构如何使用交易量、成交价格、交易方报告的价格、买入价、卖出价和其他的市场信息来编制指数，为何使用某些特定的计量单位（例如以“桶”作为石油的单位），指数编制机构如何采集这些信息，用于保障指数编制人员作出正确判断的指导方针，以及指数编制过程中使用的假设、模型、推导数据等。

（2）指数编制机构制定的必要步骤和实践方法，用于确保不同编制人员所编制的结果具有一致性。

（3）价格指数编制中所使用的多项规范准则（例如使用什么类型的市场数据）会被赋予不同的重要性。以此来保障指数编制的质量和完整性。

（4）关于编制特定指数的最小数据量要求的规范准则。如果不存在最小数据量要求，则需解释其不存在的原因。

（5）当所采集的数据达不到最小数据量要求或编制机构必要的质量标准时，上述规范准则需要说明处理这类情况的程序。

（6）保障信息来源方及时提供数据和数据提供渠道（例如通过电话）的规范准则。

（7）关于重要信息来源方的规范准则和程序。这个或这些重要信息来源方提供的数据在指数编制中占有重要的比重。规范准则中需明确“重要比重”的确切含义。

（8）关于在何种情况下某些交易数据需要被剔除的规范准则。

指数编制机构需说明和公开披露以下内容。

（1）采用某种编制方法的理由。包括价格数据调整的技巧，并证明在某段时间内的市场数据是反映现货市场价值的合理、可靠指标。

（2）对某种编制方法进行内部审查和批准采用的程序，以及这种内部审查的频率。

（3）对某种编制方法进行外部审查的程序。包括通过与利益相关者探讨指数编制过程中的重要变化，以此来获得市场对编制方法的认可。

指数编制机构需要制定规则和程序，对所有的市场数据、指数编制的决策、指数编制者的身份等信息进行记录和存档，至少保存5年。

（二）编制方法如有变动需通知相关利益方

该原则要求指数编制机构保证编制过程透明，当编制方法有计划调整时，需通知相关利益方，并允许相关方就方法变动所产生的影响给予评论。该原则能使监管机构有效地判断编制方法的变动是否会影响到衍生品合约的可靠性，从而导致市场价格的扭曲。此外，该原则还要求指数编制机构定期检查编制方法，以保障指数的可靠性。具体包括如下方面。

（1）制定清楚的时间表，把将要进行的变动提前通知利益相关方，使利益相关方有充分的时间和机会来分析和讨论这些变动所带来的影响。

（2）在一定的讨论期过后，将利益相关方的评论以及指数编制机构对这些评论的回应向市场上所有的利益相关者公开，有涉密情况除外。

指数编制机构应当定期对其使用的方法进行检查评估，以保证其指数能够有效地反映市场的情况。检查评估应当包含对利益相关方意见的考虑。

（三）用于编制指数的数据应真实有效

该原则要求指数编制机构优先选用实际成交的交易数据来编制指数，并通过一些措施来保障市场主体提供的数据真实有效，减少市场主体选择性来提供数据的行为。该原则旨在提高数据的质量，进而保障价格指数的可靠性。具体包括如下方面。

（1）在准则规范中详细说明价格指数所对应的大宗商品现货市场的界定。

（2）按一定的优先顺序来使用市场数据，以保证价格指数的质量和可靠性。排位第一的是成交价格和市场参与者报告的交易数据。排位第二的是买入价和卖出价。排位最后的是其他市场数据。如果不优先使用成交数据，指数编制机构需要对其原因进行说明。

（3）采用足够的方法措施来保障使用真实的市场数据编制。也就是说，市场参与者提交的数据是其已经执行的或准备执行的交易所产生的数据，且这些交易公平有效。指数编制机构需要对内部关联交易给予特别的关注。

（4）建立和使用一套程序来识别异常或可疑数据，并记录剔除这类数据的决策。

（5）鼓励信息来源方提供他们所有的、符合编制要求的市场数据。指数编制机构应当在其能力许可并合理的范围内确保信息来源方所提供的数据能代表其真实的交易数据。

（6）采用一系列适当的方法使信息来源方提供的数据能够符合指数编制机构对数据质量和完整性的要求。

（7）指数编制机构应当公开发布简明的说明，以便利价格指数的用户或监管机构能充分理解价格指数是如何编制的。其内容至少包括指数所反映的市场的规模和流动性、交易量波动的范围和平均数、价格波动的范围和平均数、各类市场数据在指数中的占比、相关术语的含义等。

（8）指数编制机构应当简明地说明编制指数过程中所作出的判断是基于什么、在什么范围内。这些判断包括剔除某些符合编制方法要求的数据，使用价差或插补数据、推导数据，赋予买入价或卖出价比成交价更大的权重等。

（四）通过编制程序的设计来保障编制质量

该原则要求指数编制机构通过程序设计来保障信息的质量，包括给数据提供者规定标准，设立质量控制程序和内控程序来甄别不合规的行为等。具体包括如下方面。

（1）指数编制机构需有具体的规范准则来明确数据的来源者。

（2）指数编制机构需有质量控制程序来评估确认数据来源机构的身份、数据来源机构的雇员以及这些雇员是否有资格代表数据来源机构来提供数据。

（3）指数编制机构需制定适用于数据来源机构雇员的具体规范准则。这些雇员能代表数据来源机构来提供市场数据。指数编制机构应鼓励数据供给方提供来自证券交易清算等部门的交易数据。同时寻找其他来源的数据（来自交易方的交易数据）作为补充。

（4）指数编制机构需采用内部控制措施和成文程序来辨识那些数据提供者和指数编制者之间为了某方利益而企图影响指数编制的联系，这些联系会导致指数编制者违反指数编制机构的规则或指南。指数编制机构需采用一定的控制措施或程序来辨别数据提供者是否提供了异常的或可疑的交易数据。控制措施应当包括运用市场上的指标对数据提供者所提供的数据进行交叉检验。

（五）保证指数编制人员达到应有的资质和水平

该原则要求具体包括如下方面。

（1）该原则要求指数编制机构内部制定和实施明确的规则和指南，来挑选具有足够业务水平、资质和训练的人员从事指数编制，并定期评估他们是否胜任指数编制工作。

（2）指数编制机构应当对编制人员建立内部控制程序来保障指数编制的质量。包括检查编制人员是否正确地使用了编制方法，以及必须经过高级管理人员签字同意方可向市场发布价格指数等。

（六）指数编制业务需与其他有利益冲突的业务相分离

该原则要求制定并强制执行一些措施，使指数编织机构的指数编制业务与其他利益相关业务相分离，以避免由于商业利益或个人利益而对指数编制产生不当的影响。这些措施和程序至少需包括如下方面。

（1）确保价格指数的编制不受指数编制机构、关联机构、客户、市场参与者之间的商业利益或个人利益的影响。

（2）确保指数编制机构成员的个人利益和商业关系不会危害指数编制机构的运行。商业关系包括雇用外部人员、出差、接受指数编制机构的客户或其他市场参与方的宴请、礼物和娱乐活动等。

（3）确保对已确认的有利益冲突的职能部门在指数编制机构内部通过监督、校正等方式进行适当的隔离。

（4）保护指数编制机构所采集和生成的信息的安全。

（5）严禁指数编制机构的管理层、指数编制人员和其他雇员通过从事大宗商品的买入、卖出和交易来影响指数的生成，不管是基于个人利益还是代表市场参与方。

（6）有效地确认出指数编制业务和指数编制机构的其他业务之间可能具有的利益冲突。指数编制机构需确保设计了适当的程序和机制来减少本机构其他业务与指数编制业务之间的利益冲突对指数可靠性的影响。

（7）指数编制机构需确保具有合理分隔的逐级报告链条。包括经理层与编制人员、其他雇员之间，经理层向最高层或董事会报告的链条。

（8）指数编制机构一旦发现利益冲突，应立即告知利益相关方。

（七）实施外部审计

该原则要求独立的外部审计机构每年对指数编制机构进行审计，重点检查编制机构是否遵守了监管机构发布的监管原则和规定的编制方法，审计结果应对外公开。外部审计强化了指数编制机构对监管原则的遵守，进一步保障了监管的执行。具体包括如下方面。

（1）首份权威的审计报告应当在国际证监会组织（IOSCO）正式发布监管原则的一年内完成，在监管原则发布后的15个月内对外公布审计报告。后续的外部审计工作应当每年都进行，并在审计完成后三个月发布审计报告。此外，视情况而开展期间性、临时性的审计。

（2）审计资料以及监管原则要求的其他资料和信息都应当及时提供给监管机构，以便其开展监管工作。

如果基于原则的监管不能取得预期的执行效果，一些强制性更高的指数监管方法也会被考虑使用。例如，由具备专业知识的政府部门直接对指数编制机构实施监管，或者成立法定机构进行监管、作为非政府部门实施监管等。

第四节　对我国的借鉴与启示

目前，亚洲其他国家地区正在加紧天然气交易枢纽和交易中心建设，推出天然气价格指数。例如，新加坡建设了LNG枢纽并于2014年起进行了有限的交易。日本已开始发布LNG现货价格，并加紧建设期货市场，给我国天然气价格指数推广和定价中心建设带来了竞争和挑战。欧洲和美国成熟市场经济国家天然气指数定价的经验表明，实现天然气指数定价需要三个基础条件：一是自由竞争的市场，二是基准交易枢纽和管网公平开放，三是发达的期货市场以及成熟的监管制度与配套政策。成熟市场经济国家的实践经验和有益探索对我国下一步构建完善天然气价格指数具有重要的借鉴意义。具体参见表6–3所示。

表6–3　完善的天然气价格指数所需的条件

类别	条件	说明
交易枢纽	交易枢纽拥有丰富的天然气管输网络等基础设施	国内外天然气供需的连接
竞争性市场	实现管网开放	输气管网向第三方公平地开放准入
	大量市场参与者	有足够多的市场参与者、买方和卖方
	市场集中度不高	没有占据垄断地位的供应商或进口商
	市场化的价格形成机制	天然气批发乃至整个供应链放开政府定价或政府指导价，由市场竞争形成价格
	期货市场与现货市场联通	通过期货市场发现价格、提高流动性
制度	完善的价格指数监管框架	包括监管机构设置、监管模式选择和监管方法设计
	健全的法律法规政策体系	竞争政策和市场管制确保公平竞争

资料来源：根据国际经验总结而得。

一、天然气等大宗商品指数定价需要自由竞争的市场

天然气等大宗商品指数定价需基于自由竞争的市场才能运作良好。

首先，竞争性市场要有大量独立的买方和卖方。绝大多数天然气交易中心都处在天然气供给或需求旺盛的地方。例如，美国天然气交易中心主要位于类似墨西哥湾附近气田的天然气生产区和位于东北部的消费区。欧洲的经验表明，天然气市场自由化加快了交易枢纽和交易中心的发展。英国政府拆分了占有主导地位的一体化的英国天然气公司（British Gas），通过限制主导企业，在没有与外国公司形成争议的情况下，形成了国内的天然气竞争格局。荷兰交易枢纽的形成便得益于天然气公司（Gas Terra）、运输商（TSO）以及市场参与者都承诺使用交易平台开展交易。这种竞争的格局减少了交易枢纽形成的阻力。与之相反，法国、意大利以及其他南欧国家倾向于建立代表国家的公司。这些南欧国家天然气行业的中下游并没有形成有效竞争。意大利的ENI 仍旧保持了市场主导地位，企业拥有储气库和大部分的生产及进口设施，并且很长时间不在PSV进行交易。由于缺乏价格和市场的自由化，天然气交易枢纽和交易中心在这几个国家发展得非常缓慢。

其次，指数定价需要市场参与者不具有很大的市场势力。指数定价意味着竞争性定价，意味着没有垄断性市场主体，市场新进入者有公平竞争的环境。

现阶段我国还处于建立天然气竞争性市场的初级阶段。天然气上游开采环节仍由三大国有企业——中石油、中石化和中海油所垄断。主要输气管道都归上游垄断企业所拥有，管网没有独立，第三方接入制度还处于试水阶段。天然气进口受限于接收站的所有权，处于准垄断状态。下游配气网络采用特许经营等准入形式，制约了大量市场参

与者的进入。竞争性批发市场还没有形成、居民用气价格还在实行政府指导价。天然气贸易以与油价挂钩的长期协约合同为主，改变现有合同的动机不足。下一步，我国需继续深入推进天然气市场改革，实现管输通道的第三方公平准入，积极开展交易市场的试点工作，推动天然气批发价格和居民用气价格的放开。

二、天然气指数定价需要建设基准交易枢纽、实现管网开放

交易枢纽是天然气市场基准价格和价格指数形成的基础。

首先，天然气交易枢纽的形成需要有足量的输气管网等基础设施，基准枢纽必须要有足够的流动性且和其他的枢纽连通。美国亨利枢纽高度集中的基础设施为货物和金融交易提供了条件。亨利中心拥有约18×108立方米的管道运输能力，丰富的地下储量，大型天然气液体加工和石化运营能力，16条州际公路连接周边。亨利中心集中了美国约四分之三的LNG进口设施，拥有约112×108立方米的出口量。[1]英国NBP管网有9个注气点和175个提气点，23处压缩站以及多个大型储气库。[2]

其次，输气管道非歧视性的开放准入是市场定价的关键。英国在20世纪80年代出台《石油与天然气企业法案》和《天然气法》等政策，建立管道输送的第三方准入机制。20世纪80年代到20世纪末又多次拆分重组英国燃气公司，使英国天然气市场形成全面自由竞争的环境。

现阶段我国建设天然气交易枢纽仍面临着很多挑战。首先，我国尚未建立交易枢纽。我国仅在上海、重庆建立了天然气现货交易中心（所），并未建立交易枢纽，更没有形成基准交易枢纽，无法定义基

[1] 刘杰帅. 国际天然气交易中心特点分析及对中国的借鉴[D]. 北京：中国石油大学，2016.
[2] 徐婧，孙泽生. 国外三种天然气交割模式比较研究[J]. 2015（10）.

准交割地。没有基准交割地，交易产品就不能标准化，因而不可能出现合理的价格指数。不具备交易枢纽和交割地的交易中心（交易所）无法形成真正的基准价格。其次，建设交易枢纽所需的基础设施有待提升。我国目前还没有足够连通的管网，还没有省份能够保证天然气在其行政区域内自由流动，贸易中心的范围要小于省级行政区域的范畴，天然气管网不足使得建立大范围的虚拟枢纽尚不可行。我国可借鉴美国的经验，建立多个实体交易枢纽的结构，在此基础上再形成基准枢纽。

三、天然气指数定价需要整合现货和期货市场

指数定价的发展需整合现货和期货交易功能。期货市场是发现价格的主要场所，能够为贸易提供避险工具，做市商帮助市场清盘，可以增强市场的流动性。随着金融机构介入、交易枢纽与期货市场建立联系，交易中心开始具备发现价格功能，指数编制所需的价格基准开始形成，定价中心也逐步建立。美国亨利港枢纽和英国NBP枢纽是伴随着期货交易中心发展起来的。NBP是英国洲际交易所（ICE）指定的天然气期货四大交割地之一，亨利港是纽约商品交易所（简称纽交所）天然气期货唯一指定的交割地点，亨利枢纽的价格实际上是在纽交所的期货平台上发现的。

现阶段我国采取现货交易中心和期货交易中心分设的模式。金融市场不够完善成熟，没有天然气衍生工具来吸引非实体交易主体特别是金融主体参与交易。有限数量的主体导致交易中心缺乏流动性和价格发现功能。加之外汇和资本管制、人民币自由兑换的限制，使得国外机构难以在天然气交易中发挥作用。

四、天然气指数定价需要成熟的监管制度与配套政策

（一）政府通过法律、政策来支持竞争性市场的建立

成熟市场经济国家的政府通过开放准入制度实现了市场主体的全面参与，创造了竞争性的市场环境，从而促成天然气交易枢纽的创建和指数定价的实现。1980年，美国出台了《天然气井口价管制放松法案》，规定要在1993年之前全面解除所有天然气价格限制。1992年，美国联邦能源监督管理委员会（FERC）发布第636号法令，要求州际管道运输公司拆分销售和运输业务，对第三方无歧视开放，并明确提出要鼓励发展市场中心枢纽。在此政策鼓励之下，众多天然气交易中心开始涌现，为基准枢纽——亨利枢纽的快速发展创造了条件。英国的经验表明，改革携手促进了批发市场的竞争，促使NBP的创建。

（二）建立稳定、透明和可信的价格指数监管框架

完善的监管框架是成熟市场经济国家价格指数获得国际认可的重要因素。现阶段，我国需要从两方面来推进价格指数监管工作，即建议实施政府监管+自律监管的监管体制。

一是，价格指数的政府监管应纳入统一的监管框架下，避免监管部门职能冲突或监管缺位。由于新的指数产品不断涌现，新产品的复合性和复杂性使得我国现有监管部门中的任何一个都难以单独对其实施有效的监管，这样会导致不同部门管辖权的冲突或监管真空。因此在设计指数监管体制时，应注意将指数监管纳入到统一的监管框架下，减少不同监管部门的职能冲突，保证监管的完整和连续性。

二是，辅之以立法框架下的自律监管模式。行业和指数编制机构

的自律监管作为一线监管能够节约政府的监管力量，并能更为灵活地处理指数监管中出现的多种个性化问题。

（三）采用基于原则、立法先行的监管方法

有效的天然气价格指数监管、特别是自律监管需依赖于被广泛接受的监管原则。因此，应将设计价格指数监管原则作为首要任务，并通过立法来强化监管原则的法律效力。由于监管权力不完全是来自于立法，也来自于市场使用者的认同，因此在监管原则设计上应充分考虑指数编制机构和外部监管机构的激励相容性，以提高监管效果、更好地实现监管目标。

第七章　大宗商品中长期供给安全研究

内容摘要：能源供给安全是指以合理价格得到能源供应的可靠渠道。具体包括两层含义：一是可获得性。大宗商品不能持续地出现严重短缺的供应，按IEA（国际能源署）的标准，供应短缺要小于上一年进口量的7%。供给安全包含进口能源资源的运输安全。二是平抑价格波动。包括价格大幅波动或持续上涨两种情况。

分析我国大宗商品供给风险，需从5个方面入手：一是大宗商品现有进口来源供给中断的风险。二是进一步扩大进口来源的可能性。三是大宗商品进口的国际运输安全。四是能源资源国际市场价格形成主导权和我国应对价格大幅波动的能力。

第一节 我国大宗商品断供风险分析

一、原油天然气断供风险有限

在我国原油进口来源地中，自中东地区进口原油的比例最高，主要进口国包括沙特阿拉伯（15.7%，2020年）、伊拉克（11.1%）、阿曼（7.0%）、阿联酋（5.7%）、科威特（5.1%），其次为俄罗斯（15.4%）和安哥拉（7.7%）。近年来，我国从南美地区进口石油量不断增加，主要进口国包括巴西（7.8%）、委内瑞拉。

在我国天然气进口来源地中，西亚地区占据了管道天然气的绝大多数份额，主要进口国包括土库曼斯坦（60%）、哈萨克斯坦（15%），其次是俄罗斯（9%）、缅甸（9%）。液化天然气（LNG）的主要进口国有澳大利亚（43%）、卡塔尔（12%）、马来西亚（9%）、印度尼西亚（8%）、俄罗斯（8%）。

从国际能源地缘政治分析来看，主要体现如下。

第一，中东石油出口国禁止出口油气给我国的可能性较小。我国在阿拉伯与以色列地区的矛盾中采取了较为平衡的外交政策，减少了阿拉伯石油输出国组织联合封锁出口石油给我国的可能性。我国与海湾阿拉伯国家合作委员会成员国的关系，由原来的单一获得石油扩大为与中东主要石油输出国之间的经济互换。经济联系和相互依赖程度的加深能够在一定程度上防止中东主要石油输出国对我国实行石油封锁。

第二，西亚和北非的动荡局势很可能长时间持续，但该地区多个主要产油国同时被冲垮的可能性较低。我国与安哥拉的关系已从单一的“石油换贷款”演变为产业、交通基础设施、社会民生等多领域援助和合作关系。中非合作“安哥拉模式”的成功对巩固中非关系、保障原油进口稳定起到了重要保障作用。

第三，我国油气供应呈现多中心化趋势。我国油气进口来源是多渠道的，能源进口多样化指数高于美国、日本、韩国、法国等国家。随着委内瑞拉大型油气田的开发，拉美地区在全球原油贸易中的份额不断上升，包括委内瑞拉在内的拉美各国不愿过分倚重美国势力，与我国石油企业的合作逐步深入，拉美原油进口来源的稳定性进一步巩固。

上述内容参见图7–1所示。

二、我国煤炭进口形势严峻，煤炭紧缺局面仍将持续

2020年，我国累计进口煤炭3亿吨，其中，自印度尼西亚进口14099万吨，占比46.4%；自澳大利亚进口7809万吨，占比25.7%。由于中澳地缘政治趋紧，2021年我国加强对澳煤进口限制，2021年1—3月澳煤进口数量为0。在中澳间矛盾进一步加剧的背景下，我国后期对澳煤进口仍将保持严控，将进一步加剧我国炼焦煤的紧缺局面。一方面，澳煤进口停滞造成的进口减量短期内很难通过其他途径弥补。国内存量煤矿有效供应不足，新建矿井数量有限，我国与蒙古国汽运通关效率提升幅度有限。另一方面，澳洲炼焦煤品质优异（低灰、低硫、高黏结），属主焦煤稀缺品种。澳煤煤质（低硫、高发热量）优于印尼煤（多以低热值为主）。澳煤进口持续收紧会导致国内市场的结构性缺货格局难以解决。

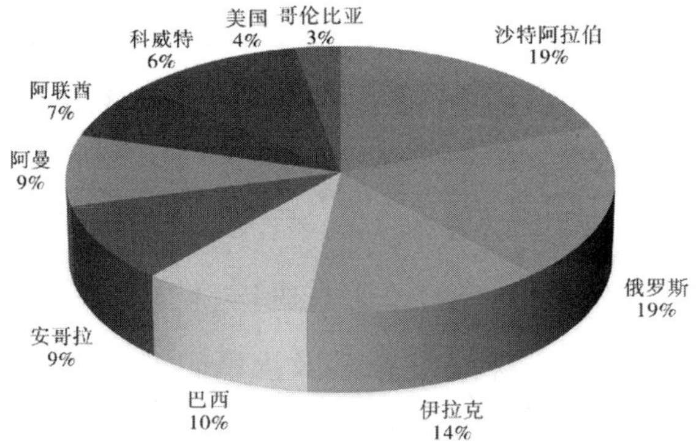

中国原油进口来源（2020年）

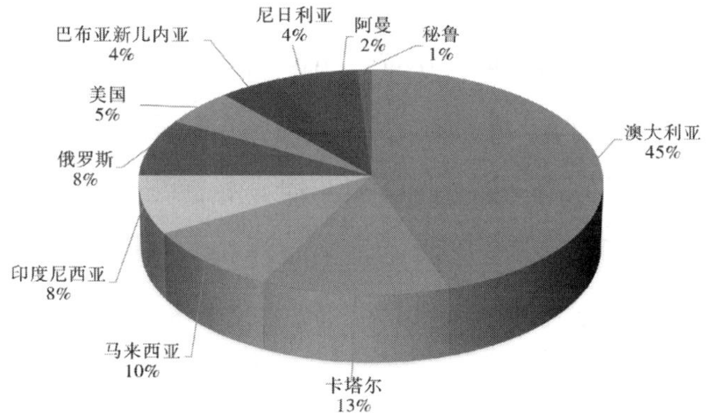

中国液化天然气进口来源（2020年）

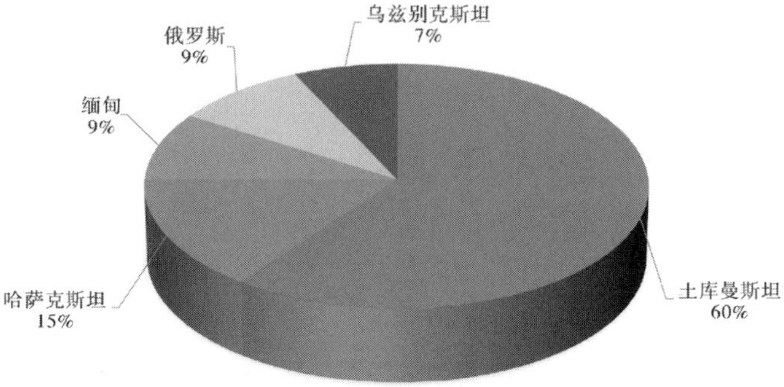

中国管道天然气进口来源（2020年）

图7–1　我国原油、天然气进口来源分布图

三、我国金属矿产资源进口存在一定的不确定性和供给风险

我国关键原材料进口来源高度集中，我国62%的铁矿石进口自澳大利亚（2020年），21%的铁矿石进口自巴西。75%的钴来自刚果（金），68%的铜来自智利。镍矿砂及镍精矿进口的60%来自菲律宾、32%来自印度尼西亚。

目前矿石资源供给风险主要存在于铁矿石和镍矿进口方面。在铁矿石供给方面，由于中澳地缘政治冲突加剧，铁矿石供给未来存在一定的不确定性。在镍矿供应方面，印度尼西亚曾在2014年 1 月出台政策禁止红土镍矿出口，导致2015年、2016年该国出口到我国的镍矿非常少。2019年10月，印度尼西亚和菲律宾相继出台了控制镍矿出口和开采的政策。我国与印度尼西亚发生海洋权益争端，与菲律宾也存在潜在的海洋权益争端，镍矿进口存在较大的不确定性和供给风险。

此外，我国境外矿产资源控制力不足。中东、非洲矿产资源的地域依存度相对较高，存在一定安全风险，可能出现短期和局部的供应短缺。

第二节　我国进一步扩大大宗商品供给的可能性分析

一、原油进口进一步扩大面临复杂的地缘政治矛盾

我国经济体量快速增长，对石油的需求持续增长，但获取国际石油的困难很大。全球油气资源的控制权争夺和世界能源消费大国之间的竞争依然激烈，我国在国际市场上进一步扩大版图的作为空间有限。从国家层面来看，中东等主要产油国、美国、俄罗斯、日本、印度等国从各自的战略利益出发，与我国进行石油博弈。

（一）我国与富油国的合作仍然比较边缘化

作为世界原油主要生产和出口地的中东、非洲、里海-中亚、拉美和俄罗斯远东地区，将成为未来世界油气资源争夺最为激烈的主战场。我国目前进口石油的来源中，来自沙特阿拉伯、伊拉克和科威特等富油国的比例低于这些国家石油资源储备在全球的比重，而来自苏丹、也门、阿曼等国家的进口比例高于这些国家石油资源储备在全球中的比重。沙特阿拉伯、科威特等国长期封闭其上游石油勘探、开发和生产领域，只愿出口油气并参与我国下游油气工业发展，而不愿开放自己的上游领域，致使我国与这些国家的能源合作具有单向度的特点。

我国应对西亚、北非能源政治及风险的能力不足，明显缺乏改变这些国家行为的能力。我国的油气公司在伊朗、苏丹等中东和北非地

区产油国上游的投资，受到美国的干扰进展不力。

委内瑞拉等南美资源国政府通过限制甚至禁止外国资本对本国上游油气产业的投资，或者通过强制性的“修改条款”，在油气资源的归属、市场准入、开发及利润分配等一系列问题上，对外国石油公司及投资者采取了限制政策，加大了履约风险和不稳定性。某些产油国甚至会将海外投资的油田收归国有，使投资方遭受巨大的损失。

（二）美国在原油进口方面对我国的遏制非常明显

在中东、中亚、西伯利亚、非洲和拉美、南中国海的产油国家和地区，美国都有防止我国获得新的石油资源的战略安排。我国与中东国家的能源合作被视为对美国核心利益的威胁。许多产油国和美国的关系比较紧张，我国和这些国家的合作在一定程度上会恶化我国和美国之间的关系。例如，2001年，美国战略和国际问题研究中心发布的报告《21世纪能源地理政治学》中指出，“中国对中东石油的依赖日益增强，从而可能促进北京与该地区的一些国家形成军事联系，这将使美国及其盟国感到忧虑”。随着美国逐步实现“能源独立”，其油气供给的进口依赖将会大幅下降，因而更加有条件放手在世界油气主产地制造混乱，以遏制我国等新兴大国的崛起。

（三）俄罗斯在对我国的原油供给问题上存在风险和机会

作为全球重要的能源出口大国，俄罗斯在全球天然气和原油市场上占据举足轻重的地位。多个统计数据显示，俄罗斯石油出口占全球石油出口量的12%左右，是世界上第二大石油生产国和第二大石油出口国。石油对于俄罗斯具有重要的战略意义，近年来石油出口占俄 GDP 的20%以上、外汇收入的50%～60%、经济增长近90%的贡献率。我国的崛起壮大，也给俄罗斯造成不小的压力。出于国家利益和地缘政治的考虑，俄罗斯不会轻易将石油提供给我国。中俄“安大线”的流产，中日“安纳线”“泰纳线”的出炉就是俄罗斯这一战略意图的体现和征兆。俄乌冲突为我国扩大俄罗斯原油进口提供了一线契机。俄乌冲突后，随着美欧对俄罗斯制裁的不断升级，俄罗斯的油气出口渠道、特别是对欧洲的出口很可能将受到一定的负面影响。2022年3月8日，美国总统拜登签署了禁止美国从俄罗斯进口能源的行政令：禁止进口俄罗斯原油和某些石油产品、液化天然气、煤炭及煤炭产品；禁止美国对俄罗斯能源部门的新投资；禁止美国人资助或支持在俄罗斯投资能源公司等。同日，英国也宣布将在2022年底前停止进口俄罗斯石油和相应石油产品。俄罗斯向美英出口的原油量占其总出口量的比重不足10%，但美英禁令的示范作用巨大。例如，壳牌2022年3月10日宣布，将分阶段撤出俄罗斯石油和天然气领域，立即停止所有俄罗斯原油的现货采购，将不再续签俄罗斯定期合同。英国石油公司（BP）和埃克森美孚等英美石油公司也纷纷表态准备撤出俄罗斯。我国有市场空间消纳俄罗斯出口受限的多余原油，但我国进口更多俄罗斯原油受制于经济成本、政治风险、海运船只的不确定性等问题。

（四）我国扩大原油进口可能加剧与其他能源消费大国的地缘政治矛盾

中日两国在能源地缘领域的角力将随之升级。中日两国都是原油需求和进口大国，随着我国需求的持续增加，两国对俄罗斯远东、中东、中亚原油资源和油气长输管道的争夺将更加激烈。印度与我国、日本同属亚洲地区石油消费大国，近年来印度经济快速增长带来对国际原油的巨大需求，印度的石油资本必将加速进军中东、非洲等产油地区，对我国与上述地区的石油合作构成挑战。

（五）企业层面的对外油气合作对国家能源安全贡献有限

从企业层面来看，我国的对外能源合作仍然存在众多问题，对外油气合作对国家能源安全的贡献有限。世界排名前20家大石油公司垄断了全球已探明优质石油储量的八成以上。我国目前能够增加海外投资的地区往往是欧美等国进入较少的地区。这些地区的政治局势往往更加动荡，增加了我国海外投资的风险。我国的境外能源企业在盈利能力、资本运营效率、市场营销规模和技术创新能力等方面的国际竞争力偏弱。由于国际经验不足、前期工作准备失误、所在地政治局势不稳定、注重能源资源获取而轻视对外投资安全等原因，导致主要能源企业在海外资源并购和运营中的资金损失和经济代价较大。

二、天然气与非常规油气供给扩容的机遇与挑战并存

从国内看，供给增长空间十分有限。虽然我国天然气资源储量总量丰富，但能源储采比却相对较低。天然气储采比约为25.7，不足世界平均水平的50%。[1]我国页岩气的气藏条件比美国复杂得多，主要气藏地多位于严重缺水的山区与荒漠地带，非常规油气资源开采技术发展较为缓慢，边疆勘探开发和深海油气开采技术相对滞后，非常规油气资源开发和生产处于起步阶段，体制性问题较多，要实现页岩气的大规模商业性开发还有比较大的难度，短期内难以对国家能源安全作出显著贡献。从国际看，天然气和非常规油气扩大进口面临机遇期。

---

[1] 石油储采比仅为 11.9，远低于世界平均水平52.5。煤炭的储采比仅为30，低于世界平均水平110。数据来源：李雪慧、史丹，2016。

（一）扩大俄罗斯天然气进口的国际环境和条件转向对我有利

2021年，经合组织欧洲地区占俄罗斯天然气出口总量的75%，我国和日本合计占俄罗斯天然气出口总量的10%。俄乌冲突爆发后，欧盟方面停止了北溪二号天然气管道的审批认证程序，欧洲能源巨头壳牌宣布终止参与该项目。随着美欧对俄罗斯制裁的升级，俄罗斯天然气对欧洲的出口可能将继续遭受负面影响，转向开拓中国市场的动机增强。目前，俄罗斯对我国的天然气出口量不到其对欧洲出口量的十分之一，2021年的数量为100亿立方米。

中俄管道天然气贸易路径共有4个方案：一是中俄之间已建成的天然气管道——中俄东线（即“西伯利亚力量”项目）。俄罗斯2021年通过该管道向我国出口的天然气为100亿立方米，计划到2024年达到设计管输能力——380亿立方米。二是中俄远东天然气管线。2022年2月已达成建设协议，俄罗斯对我国出口的天然气将再增加100亿立方米/年，但此条管道的修建日程待定。三是中俄西线天然气管道。谈判已持续十多年，目前仍无实质性动作。四是俄罗斯-蒙古国-中国天然气管道（即“西伯利亚力量”2号项目）。即将开始谈判，根据俄罗斯方面的规划，该管道建成后每年可向我国再增加500亿立方米的管道天然气出口。最终能否达成仍取决于管道气价格与经济价值。

（二）全球油气供应体系更加具有弹性，国际油气消费竞争减弱有利于我国扩大天然气进口

世界油气版图中心开始从中东“一极”转向“多强”。美国“页岩气革命”使美国能源自给率进一步提高至80%左右。国际能源署预计，到21世纪20年代中期，美国将超越沙特阿拉伯成为全球最大的油气生产国。2030年前后美国将成为能源自给自足的国家。加拿大非常规石油资

源“油砂”已经从一种边际资源变成了主要资源。巴西南部海岸的巨大石油资源的开发使巴西成为美国重要的石油进口来源。据《BP2030世界能源展望》报告预测，美洲国家因为钻井技术的进步每日将增加800万桶石油供应量。其中，加拿大油砂将增加220万桶/日，巴西深海石油增加200万桶/日，美国页岩油增加220万桶/日。此外，在2030年的生物燃料生产总增量中，美国和巴西将贡献一半以上，每日增加350万桶。

（三）美国、加拿大、巴西等国的非常规油气产量的增长有利于增加全球能源供给

美洲乃至西方国家对中东地区油气供给的依赖将有所下降，我国从中东扩大原油进口来源的可能性增大，中东海湾、中亚乃至拉美能源资源国对深化与我国的油气合作需求增大，在能源开发与贸易方面将更加积极地展开对华合作，客观上有利于我国油气资源进口格局的改善。据国际能源署（IEA）预测，到2035年，中东地区90%的原油出口将流向亚洲市场。美国“页岩气革命”引发的非常规能源开发热潮在一定程度上削弱了俄罗斯对国际天然气市场的控制力，为推动中俄能源合作带来了新契机。

三、我国在全球层面的能源合作局面尚未打开

在全球层面的能源合作中，我国基本被排斥于主要能源组织之外。在我国作为成员的国际能源组织中，实质性合作不多，主要是一般性合作和对话性合作，力度较弱。许多区域层面的国际能源合作组织，我国没有涉足，比如亚太地区、特别是东亚（包括东南亚、东北亚）地区没有组建地区性能源组织，能源合作也大多没有政治上的合作框架，合作程度还有待于进一步加深，如此，限制了我国进一步扩大能源进口的来源。

第三节　我国大宗商品进口运输安全分析

运输安全也是保障能源资源安全的重要方面。能否将我国通过国际贸易进口的能源资源和我国境外投资的油气、金属矿产运回国内，取决于海上或陆地运输线的安全。能源资源的国际运输可能面临战争风险、反政府武装及有组织犯罪、恐怖主义威胁、油气运输事故和国际政治冲突等风险。自1931年世界第一条石油运输管道开始使用，国际能源运输管线中的每一条都曾经（至少一次）被关闭过。

我国能源和矿产资源进口的运输问题主要集中在海路上。我国从海外进口原油和金属矿石大部分是通过油轮从海上运输的，管道、铁路和公路运输量均较少。国际海运安全来自两个方面：一是海运航线安全。二是航运咽喉要道的安全。

一、海运航线风险有上升趋势

目前在我国原油进口当中，75%来自中东和非洲。波斯湾至东亚航线即“印度洋航线”是我国原油海运最重要的一条航线。美国军事力量客观上起到了维护海上运输通道安全的作用。据英国专家估计，美国第五舰队每年用于保护波斯湾航道的费用约为600亿～800亿美元。[1]北美非常规能源的大规模开发，地区“能源独立”的实现，将会显著减少美国对中东海湾地区的油气进口，以及对传统海上运输航道的依

[1] 资料来源：王海运，2013。

赖，降低美国对维护海上运输航道安全的需求。在美国战略重心向亚太转移、国防经费缩减的情况下，美国有可能减少对保护波斯湾航道的投入，导致国际海运航线的安全风险升高。此外，美国有可能放开在海上运输航道沿途要地制造混乱的手脚，其对伊朗等主要油气生产国实施军事打击的顾忌也可能因此而变小（王海运，2013）。

二、航运咽喉要道安全仍未能保障

世界航运咽喉要道主要包括曼德海峡、霍尔木兹海峡、马六甲海峡等。这些咽喉要道承载着国际能源运输安全的绝大部分风险。一旦其中一条被切断，国际能源运输系统就有可能陷入瘫痪。马六甲海峡是我国进口原油运输最重要的海上运输要道，我国90%的原油进口运输要经过马六甲海峡。马六甲海峡是国际政治中的敏感地区，其临近海域海盗活动频繁、事故多发。我国缺乏强大的海军和海外军事基地来保障马六甲海峡等航运咽喉要道的安全。

此外，我国目前尚不具有对油轮和运输航线的控制权，进口原油海运总量的90%由国外油轮船队承担。一旦出现政治风险，大国可能不会选择封锁海上运输通道的方式，但很可能对承担我国原油运输任务的外国运输公司施加压力或进行封锁，以此封锁我国的海上运输。

具体参见表7–1所示。

表7–1　全球主要海上原油运输通道分布情况

序号	海峡（运河）	日均原油流量（万桶）	占比	流向市场
1	霍尔木兹海峡	1700	30%	亚洲
2	马六甲海峡	1520	27%	中国、日本、印度尼西亚
3	好望角	490	9%	美国、欧洲
4	曼德海峡	380	6.7%	欧洲、美国

（续表）

序号	海峡（运河）	日均原油流量（万桶）	占比	流向市场
5	丹麦海峡	330	5.8%	波罗的海国家、俄罗斯
6	苏伊士运河	320	5.6%	北美、欧洲
7	博斯普鲁斯海峡	290	5.1%	波罗的海
8	巴拿马运河	85	1.5%	美洲

数据来源：美国能源信息署、广发证券发展研究中心。

三、陆地运输线风险不容忽视

我国需持续关注陆上周边油气走廊的安全保障问题。从陆上周边油气运输走廊的布局来看，目前已经基本形成东北部中俄油气管道、西北部中亚油气管道、西南部缅甸油气管道组成的陆上周边油气运输走廊体系。

东北中俄管道沿线自然环境恶劣，要经受极端寒冷天气、沼泽、原始森林、永冻土地带和地质断裂带等考验。西北中亚油气管道所在的中西亚地区极端伊斯兰主义、国际恐怖主义和资源民族主义活跃，领土和边界争端多发，俄罗斯、欧盟、美国等力量在此交错，局势动荡，容易引起能源供应的不稳定。西南中缅通道主要需防范政治风险，以及美国在“亚太再平衡”战略下围绕该地区进行的博弈。

第四节　大宗商品价格大幅波动对我国经济社会影响分析

一、大宗商品价格变化影响价格总水平和通货膨胀率

国际大宗商品价格变动会通过一定的传导机制对一国价格总水平产生影响。首先，开放条件下通过大宗商品的进出口活动，国际大宗商品价格的变化会直接推动一国国内价格的变化。其次，价格水平的波动由上游生产资料通过价格链条向下游商品扩散，一直波及到最终消费品。例如，原油进口价格变化导致我国交通运输、石油化工等行业运营成本的变化；铁矿石进口价格变化会影响到钢材价格，进而提高家用电器、交通运输、通信以及房地产建筑行业的成本；大豆进口价格的变化、特别是价格的上涨会影响农产品行业的成本，进而使得粮油食品价格发生同向变化。最后，物价变化、特别是物价的上涨会带动工资、利率、租金等生产成本和生活成本的全面提高，进而引发产品和服务价格的全面上涨，最终导致一国价格总水平的上升。

实证研究发现，原油、铁矿石和大豆进口价格变化对我国CPI具有正向的影响（谢明旸，2011）。国际能源署（2004）的研究发现，油价每桶上升10美元并持续一年，中国的通货膨胀率将上升0.8个百分点。金属产品的价格上涨50%将导致机械设备制造业产品的价格上涨12.99%、建筑业产品的价格上涨10.24%、建筑材料及其他非金属矿物制品的价格

上涨5.65%、其他制造业产品的价格上涨4.19%；能否传递到最终消费品的价格上涨，还取决于市场结构。如果存在过度竞争，产品价格难以提高，如果市场是基本均衡的，则产品价格将会上涨（王岳平，2004）。

供给冲击效应理论认为，油价的上涨将降低产出，提高实际利率，最终提高通货膨胀率。供给冲击效应认为，石油价格上涨会导致工农业生产中石油投入的减少，造成总产出与劳动生产率下降。劳动生产率降低应该减少实际工资，但由于工资的向下黏性，导致厂商不得不减少劳动需求，造成失业率的上升和产出的进一步减少。另外，如果消费者预期油价上涨是暂时的，那么根据生命周期假说，消费者会在各期均匀分配自己的消费量，为保持当前的消费量会减少储蓄或增加借贷，导致实际利率水平的提高。随着产出的下降和实际利率的提高，对货币的实际余额需求会降低，在货币供给量保持不变的情况下，通货膨胀率就会上升（Rasche、Tatom，1977、1981；Barro，1984；Brown，1999）。

二、能源类大宗商品价格持续变化影响经济增长速度

这一领域的代表性理论包括实际余额效应、收入转移效应、预期不确定性效应和产业结构效应。

实际余额效应理论可用来解释油价上涨对经济的负面影响。该理论认为，油价的上涨导致货币需求的提高，如果货币当局不能增加货币供应量就会提高利率、抑制投资需求、降低产出。油价的上涨还会带动其他商品的上涨，导致一般价格水平的上涨，如果货币供应量保持不变，就会降低经济体的实际余额，导致消费支出的减少，也会引起经济出现衰退（Pierce、Enzler，1974）。

收入转移效应理论认为，油价的上涨导致购买力从石油净进口国向石油净出口国转移，石油净进口国对本国产品的消费需求减少了，

石油净出口国对石油净进口国产品的消费需求却提高了。历史数据表明，对石油净进口国产品的净消费需求是减少的，导致石油净进口国的经济衰退。同时，世界总储蓄量增加，给实际利率带来了下降的压力，进而刺激投资。如果价格有向下的黏性，由于消费需求的下降需要更低的价格水平来达到新的均衡，消费支出的减少将会大于投资增加，从而导致总需求减少，将会进一步减少石油进口国GDP的增长（Fried，Schulze，1975；Dohner，1981）。

预期不确定性效应理论认为，当厂商面临未来油价的不确定时，推迟不可改变的投资决策是很有价值的。因为，如果资本存量是固定的，能源产出比将固定不变，那么厂商一旦实施了投资决策则其生产过程中的能源密集程度就不可逆转。此外，油价的不确定会推迟人们对耗油的耐用消费品（比如汽车）的消费，导致需求低迷、经济衰退。预期不确定性效应不论未来油价上升还是下跌都会发挥作用（李薇，2008）。

产业结构效应理论认为，随着油价变动而产生的调节成本会对宏观经济运行产生阻碍作用。石油价格上涨会对宏观经济产生两个负效应，石油价格下跌会产生一正一负相互抵消的两个效应。调节成本主要来源于部门转移成本、厂商之间的协调成本和短期资本的调整。首先，油价变动导致不同部门之间的资源调整不力。油价上涨（或下跌）会使能源密集型部门的劳动和资本需求减少（或增加），而能源开采部门的劳动和资本需求会增加（或减少）。但是，由于专业化劳动力之间的转移成本非常高，加上短期内资本在不同部门的重新配置非常困难，结果造成失业率的上升和资源的未充分利用，导致经济衰退。其次，油价波动使厂商之间协调不利。每一个厂商知道油价波动对自己产量和定价的影响，但是不知道其他厂商对油价波动的反应。因此不管油价上涨或者下跌，厂商都不能协调相互之间的行为以达到厂商的最优化，从而造成资源的浪费和经济的衰退。最后，价格变化造成能源、资本和劳动力之间的比例偏离最优。当油价上涨（下跌）时，追求最优化的厂商应该降低（提高）能源产出比，并提高（降低）资本产出比和劳动力产出比，这就必须改变资本存量。但是短期内，资本存量是固定的，所以这三个比例无法作出迅速的调整，使厂商的生产技术条件达不到最优化，造成能源、资本和劳动的利用不充分，产出下降，最后导致经济的衰退。具体参见表7-2所示。

表7-2　石油价格变化对宏观经济的影响

类别	油价上涨	油价下跌
收入转移效应	负	正
实际余额效应	负	正
产业结构效应	负	负
预期不确定性效应	负	负
对宏观经济的影响	负影响显著	正影响不显著

资料来源：参见《石油价格波动影响宏观经济运行的传导机制研究》（李薇）。

实证研究证实了能源价格变化对国民经济发展的影响。根据国际能源署（IEA）“能源-经济发展模型”的测算，对OECD国家而言，在其他条件不变的情况下，油价每桶上涨10美元并保持一年，GDP增长受影响0.4%～0.5%；而对非OECD国家的影响则取决于这些国家的经济增长对能源的依赖程度。对于我国而言，在其他条件不变的情况下，油价每桶上涨10美元将使我国的GDP下降0.7%。Hamilton J D（1983）的实证研究发现，国际石油价格波动与美国经济呈现很强的相关性，油价上升 10%，美国GNP（国民生产总值）的增长下降大约1.1%～1.4%。Dotesey和Reid（1992）认为，油价上升对GNP的影响比货币政策对GNP的影响更大，油价上升10%会使下一年的经济增长率下降0.7%。进一步研究还证实，油价波动对经济的影响是不对称的。油价上升对美国经济具有显著的负的影响，但油价下降却对美国经济的影响很小，以至无法度量（Mork，1989；Hamilton J D，2003）。[1] Hooker（2002）、Gisser和Goodwin（2004）也证实，当宏观经济处于扩展期和收缩期时，国际石油价格对宏观经济呈现不同的影响关系。

三、能源类大宗商品价格波动会改变居民消费结构，影响居民消费水平

一方面，石油价格的变化会影响汽车购买、出行和旅游等消费，改变居民消费结构。石油价格向某一方向的持续变化会影响居民汽车消费倾向和居民购车意愿。油价持续上涨时期，私家车主出于节省开支的考虑，会转而选择乘巴士或火车出行。与旅游有关的航空、长途汽车等交通费用也随之上升，影响到部分消费者的旅游需求，旅游业也将受到波及。

另一方面，石油价格变化会带来可支配收入的变化，进而影响居民的消费水平。油价持续上涨时期，价格总水平的上涨使消费者支出增加，实际收入下降，导致消费者削减消费的数量。

四、大宗商品价格大幅度变化引起产业间利益的调整与重新分配

研究发现，能源、资源类大宗商品价格的上涨，一方面会使能源资源开采企业利润大增；另一方面会使制造业成本上升，受能源资源价格上涨影响较大且承受能力较弱的农业、林业和渔业等行业的效益下降；电力、建材、交通、航空和铁路等行业的成本增加，并相应地造成其运营价格的调高。例如，航空公司会普遍增收燃料附加费，造

[1] Hamilton J D. What is an oil shock?[J]. Journal of Econometrics, 2003 (11).

成全行业的运输、能源和原材料成本上升，使上述行业特别是其中的出口企业利润下降。

反之，大宗商品价格的下降亦会造成产业间利益的反向调整。实证研究表明，铁矿石价格的大幅上涨会使黑色金属矿采选业的产品价格、产出和就业大幅增长；中游的钢铁冶炼和加工业、电机制造业的价格大幅上涨，但涨幅显著低于铁矿石的涨幅。产出、内需、出口和就业都显著下降，下游的汽车制造、船舶制造、建筑业和房地产的产出和就业小幅下降，对价格的影响则不显著（刘宇，等，2011）。

五、大宗商品进口价格的波动直接影响外汇支出，间接影响贸易顺差

在大宗商品的进口价格持续上涨或下降时期，我国为进口大宗商品而发生的外汇支出也随之增加或减少。出口产品的价格也受之影响而上升或下降，造成出口目标市场需求量的变化，进而造成我国出口额和贸易顺差的变化。

研究认为，政府管制减弱了大宗商品进口价格的影响。受国内石油定价机制的限制，国内成品油的价格往往会滞后于国际市场价格的变化。根据我国石油定价机制，原油基准价格是由国家价格主管部门根据国际市场相近品质原油的离岸价格加关税公布。贴水或升水是由购销双方根据原油运杂费负担和国外油种的质量差价及市场供求等情况而协商确定。成品油价格则是以纽约、新加坡、鹿特丹三地市场一篮子价格加权平均值为定价基础，根据基本杂费及国内关税，加上由国家确定的成品油流通费用，形成由国家发展改革委发布的国内成品油零售基准价，再由中石化与中石油两公司在基准价及上下浮动8%的范围内，制定具体的成品油零售价，每隔一定时间调整一次（周喜安、曲永冠，2004）。

第五节　我国应对价格波动的能力分析

在当前的国际政治经济格局下，相比供给中断的风险，价格的大幅波动、特别是价格大幅上涨对我国经济社会的冲击更为频繁和明显。首先，我国和其他国家之间爆发战争、国际社会对我国进行全面封锁和禁运的可能性较小。其次，个别产油国局势动荡造成的供给冲击主要会通过价格上涨体现出来。当前能源资源安全问题应当更多被看作是经济威胁和依靠市场解决，较少为军事威胁，需诉诸于外交方式解决。最后，即使中长周期中的油价中枢未出现大幅度上行，短周期内拐点出现和油价大幅波动也常会发生。

一直以来，“中国需求”并没有使我国在能源资源价格形成方面具有更大的优势，反而使其成为推动“中国溢价”的主要因素，使得我国付出了更高的进口成本。跨国公司及其背后的发达国家在全球能源资源价格形成机制中占据主导地位。我国在能源资源大宗商品的价格形成方面始终处于被动地位，对全球原油、矿产市场的价格影响力偏弱。

国家储备调节价格波动的能力有限。与有色金属供需总量相比，我国现阶段的储备规模偏低，使得储备投放量过小，在缓和价格波动方面的作用偏弱。相比于消费量，我国石油储备量不高，现阶段主要用于应对突发情况导致的石油供给不足或中断，尚未发挥价格调节功能。

第六节　近年来国际大宗商品消费大国保障供给安全的经验举措

以欧盟为代表的能源资源消费大国提出能源资源供给政策的两大战略目标：一是近期层面，通过一切手段确保能源资源安全供给，增强能源资源供给中断的应变能力。二是长期层面，保证所有能源资源稳定、安全供给，万无一失。其路线图着重于短期和长期两个方面，短期通过供给多元化来保障供应；长期通过提高利用效率、发展新能源来减少能源资源消费。[1]具体措施可总结为以下七个方面。

一、能源供给来源多样化

欧盟实施全方位国际能源战略，促进能源进口来源多样化。根据欧盟发布的数据，2021年欧盟原油进口结构中，来自俄罗斯的原油占欧盟原油进口比重的27%，挪威占比8%、哈萨克斯坦8%、美国8%。2021年欧盟天然气进口结构中，俄气占欧盟进口天然气比重的45%，挪威占比23%、阿尔及利亚占比12%、美国占比6%、卡塔尔占比5%。欧盟煤炭进口中，俄煤占欧盟硬煤进口比重的46%，美国占比15%、澳大利亚占比13%。近期，为减少对俄罗斯化石能源的依赖，欧盟计划多元化进口液化天然气（LNG）和其他管道气气源。其中，LNG的主要气源国包括卡塔尔、美国、埃及和西非，管道气的气源国主要包括阿塞拜

[1] 参见《欧盟能源供应安全战略绿皮书》（2000年）。

疆、阿尔及利亚和挪威等国。欧盟计划LNG和管道气能够每年分别新增500亿立方米和100亿立方米的供应。同时，增加可再生气源，即生物质和氢能。欧盟计划到2030年，生物质天然气能够每年达到350亿立方米的产量；氢能方面，到2030年能够提高到250亿到500亿立方米。

俄乌冲突发生后，美国积极寻求原油供给多元化。美国希望委内瑞拉、沙特阿拉伯和伊朗能提高产量，以此来削减俄罗斯占国际石油出口量的比重。美国已经在试探与自己曾经的最大石油供应国委内瑞拉恢复关系，不久前举行了2019年两国断交以来的首次高层会晤。

二、强化能源来源稳定性

欧盟不断加强和扩大与东欧、中欧、地中海地区、中东、亚洲及拉丁美洲的国际能源商务合作，建立稳定、公平的能源贸易关系。能源政策行动计划提出，要将保障整个欧盟国家的能源安全供应问题看作一个整体。对内，促进欧盟内部市场全面开放，废除能源民族保护政策，建立欧盟能源统一的干涉政策；建立欧盟内部统一协调机制，以一个声音对外。对外，强化对中亚、里海与黑海地区能源产业的项目评估、商业投资与技术合作，加大对发展中国家尤其是矿物燃料资源丰富的大国的能源投资与援助，与其建立稳定的合作关系；与其他能源消费大国进行双边和多边能源政策对话，在能源开发、平衡供给、稳定价格和新型能源研究与使用领域进行必要的合作；加强与欧佩克、经济与合作组织（OECD）、世界贸易组织（WTO）、欧洲经济一体化（EEE）、国际原子能机构等国际组织及大型跨国能源集团的能源合作、对话和建立伙伴关系。

除通过军事化手段保障海外原油资源之外，美国还注重通过国际原油市场，采取市场化手段来保证稳定的原油供应。2019 年，美国发布能源资源治理倡议（ERGI），将其作为美国联邦商务部《确保关键矿产安全可靠供应的联邦战略》政府计划的补充。通过改善与澳大利亚、博茨瓦纳、秘鲁、阿根廷、巴西、刚果民主共和国、纳米比亚、菲律宾和赞比亚等9个矿产资源供应国的合作关系，以更好地在全球范围内采购能源矿产。加强合作的方式包括向矿产资源供应国提供采矿专业知识，帮助其开发锂、铜和钴等矿产，就矿产资源管理和治理框架提供建议等。美国与澳大利亚通过合资企业的方式合作建设15个稀土和重要矿产项目，以提高稀土加工能力，减少对我国稀土的依赖。美国与格陵兰岛签署了谅解备忘录，协助格陵兰岛勘探和开发该岛的资源，特别是稀土矿。美国与加拿大签署了旨在加强关键矿产合作的协议。2017年11月，美国与日本达成日美战略能源伙伴关系。2018年11月发布《日美通过能源、基础设施和数字连接合作推动自由和开放的印度太平洋的联合声明》，日本对液化天然气基础设施项目投资200亿美元的公共和私人资金。2019年8月，美国和日本签署合作备忘录，扩大日美在非洲撒哈拉以南的能源合作，并建立日美湄公河电力合作伙伴关系。

三、建立有效的能源危机反应措施

欧盟积极加强应对世界能源危机的能力，减碳诉求暂时让位于能源安全。2021年以来，德国、法国、意大利等国纷纷呼吁放缓弃煤、弃核进程，重启机组并延长服役。2022年3月，高盛发布报告《欧盟能源政策：处在拐点》（*EU Energy Policy: At an inflection point*），提出在地缘政治事件影响下，未来一两年内，欧盟能源政策的首要优先事项将由大力去碳转为保证供应安全，放慢煤电厂的退役速度。

欧美国家还通过创建国际能源市场监测网络，研究分析国际能源市场发展动态，加强石油生产、成品供应和市场消费预测系统的数据交换和信息沟通，完善能源储备和相关的安全预警机制等方式，来提高应对能源供给冲击的能力。

四、提高能源自给率，迈向“能源独立”

美国提出“能源独立”新概念。通过了《美国能源独立与安全法案》，计划增加国内能源供给和来自西半球国家特别是加拿大、巴西的能源进口，到2020年摆脱对中东和委内瑞拉的石油依赖。

近两年来剧烈波动的原油和天然气价格使得欧盟国家推进能源转型的决心更加坚定，并开始追求能源独立。欧洲处在俄乌冲突的最前线，欧洲当前高度依赖俄罗斯的能源进口，在大宗商品价格上涨和欧盟国家对俄罗斯施加制裁的双重压力下，欧洲的能源供应、能源价格正承受严峻的压力。根据欧盟2022年3月发布的《欧洲廉价、安全、可持续能源联合行动》（*RE Power EU: Joint European action for more affordable，secure and sustainable energy*），欧盟计划多元化进口气源，加速可再生天然气开发来降低对俄罗斯进口天然气的依赖，在2022年底前减少三分之二的俄气进口。面向未来，欧盟还将采取加速可再生能源的开发、多元化能源供应、提高能效等措施来降低对俄罗斯进口化石能源的依赖。欧盟委员会主席范德莱恩（Von Der Leyen）在2022年3月10日的欧盟巴塞尔峰会上表示，“我们不能依赖一个时常威胁欧盟的能源供应者，必须独立于俄罗斯的石油、天然气和煤炭，需要立刻行动起来缓解能源价格上涨的影响，在下一个冬天多元化天然气来源，并加速能源转型。我们越快转向可再生能源并提高能效，就越早能真正独立掌控我们的能源系统”。

五、提高能源资源利用效率，减少传统能源消费

欧盟“行动计划”强调要提高能源效率，要求各国明确节约能源的“责任目标”。欧盟《欧洲廉价、安全、可持续能源联合行动》提出减少供暖、发电环节的天然气使用来降低对俄罗斯进口天然气的依赖。欧盟计划到2030年通过提升能效，减少380亿立方米的天然气需求，并通过安装3000万台新的高效热泵，来减少350亿立方米的天然气需求。根据欧盟的测算，建筑取暖每降低1度，可以节约100亿立方米的天然气需求。

在工业方面，欧盟还将推动高排放行业的转型，转而使用氢能和电力，进一步减少对化石能源的依赖。

德国通过法律法规推动矿产资源的循环利用，德国的铜回收率达到54%，钢铁的二次利用率为 45%。美国也建立了国内废弃物与回收流数据系统，以及时反映矿产循环资源的供给情况。

六、调整能源结构，推动新型能源资源的开发和使用

欧盟和美国积极调整能源结构。近期，欧盟计划加速新能源发展以替代化石能源。欧盟预计，其风电和光伏装机容量到2025年将翻倍，2030年达到目前的三倍，能替代1700亿立方米的天然气需求。德国在近期的草案中，将2030年风电和光伏发电的占比目标提高到80%。2022年2月，法国总统马克龙宣布到2050年光伏装机增长10倍、累计装机达到100兆瓦，海上风电达到40兆瓦。根据美国能源信息署（EIA）最新发布的短期能源展望报告（STEO），预计美国2022年新增光伏装机将占总新增装机的近一半。按照2030年清洁电力使用比重达80%的目

标，届时美国累计可再生能源装机将升至8.85亿千瓦。

上述内容参见图7-2所示。

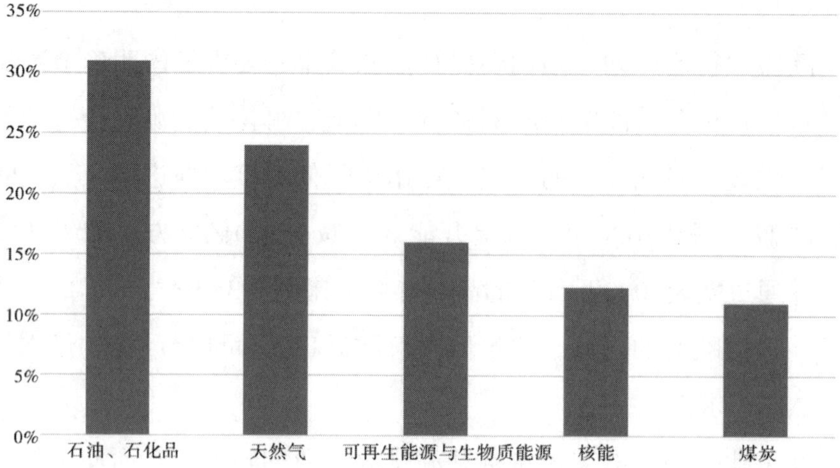

图7-2　欧盟能源结构（2021年）

资料来源：欧盟委员会。

欧美各国通过技术进步来提高矿产资源的开采和利用效率。美国积极探索矿山尾矿、煤炭副产品、海水提取及地热盐水等非常规来源的资源获取方式。日本、英国等国家一直在积极开发和投资自己国内近海采矿业和海水提取技术。加拿大积极致力于开采极端气候、深度采矿、近海、太空等新边界的资源。美国、欧盟、英国等国家和地区还致力于研究开发新材料，通过产业链分析，减少产品中的关键矿产含量，开发替代品来替代关键矿产，从而减少对战略金属的依赖。

七、强化石油战略储备

石油储备包括战略储备与平准库存两种。战略石油储备是在战争或自然灾难时以保障国家石油的不间断供给为目的，是服务于国家能源安全的，几乎不盈利。平准库存是以平抑油价波动为目的的石油储备。按照国际能源署（IEA）的要求，各成员国家的战略石油储备应该不少于上年90天的平均进口量。实际上，各成员国的战略能源储备都超出这一水平，日本、美国的战略能源储备分别约为200天和150天。

第七节　我国保障能源矿产供给安全的重大思路和战略举措

一、保障大宗商品供给安全的总体思路

以保障大宗商品供给稳定、维护经济社会平稳运行为目标，推动大宗商品的保供思路由供给侧单侧发力向供需双侧保障转变，由分行业分部门制定政策向全行业总体战略规划转变。坚持市场主导与政府引导相结合，提升运用市场化手段来保障供给和对冲价格波动的能力。坚持统筹兼顾和突出重点相结合，重点保障能源、矿产资源、农产品重要品种的供给安全。坚持应对短期波动与化解长期风险相结合，明确目标，分步推进。坚持提升自给水平与开放合作相结合，兼顾安全保障与经济效率。着力运用市场化手段来提升供给稳定性，综合运用对外关系、通道建设、技术创新等多种方式来保障供给安全。

二、保障大宗商品供给安全的战略举措

（一）着力运用市场化手段来保障供给

不断扩大对外投资，增强国际资源保障能力。拓展广泛的海外油气资源来源，重点推进与巴西、委内瑞拉、墨西哥、加拿大等美洲国家的

油气共同开发，在奥里诺科河地带等地区推进精炼厂建设，大力发展重油产业。积极参与中亚、西非、拉美、东南亚和大洋洲等地的石油资源的开发与合作。加强与俄罗斯的天然气合作开发。着力化解资源进口集中度较高的大宗商品品种的供给风险。加大对印度尼西亚、菲律宾镍矿资源的投资及冶炼厂建设，在公司层面与当地镍业企业或跨国公司建立战略合作伙伴关系。加大原油、金属矿石、铁矿石等国内勘探开发力度，培育优质产能。充分发挥市场灵活稳健的保供稳价作用，通过期货市场来对冲和规避国际大宗商品的价格波动风险。

（二）加强国家间关系以保障能源安全

加深与全球层面国际能源组织的合作程度，拓展与区域层面国际组织的合作。推动建立由资源国、消费国、过境国共同组成的新型多边能源合作机制。加强与能源出口国的双边合作，处理好与能源过境国家的双边或多边关系，防止出现能源运输中断，通过对外能源合作来降低对马六甲海峡等国际航运咽喉要道的依赖。加强与俄罗斯、中亚各国、东南亚国家和地区的经贸关系，建立石油、矿产资源安全战略联盟。积极改善国家间关系，将地缘政治冲突的可能性降至最低。

（三）积极化解海路运输风险

建设完善的能源贸易基础设施。加快推进中哈、中土、中俄、中缅等跨境油气运输管道建设，适时规划建造新的运输通道。加强远洋石油、液化天然气、铁矿石运输能力建设，组建原油、天然气、矿石远洋运输的中国大型油轮船队和“超级舰队”。

（四）在供给侧大力发展非常规油气资源和可再生能源

大力推动非常规油气资源开采技术升级，推动边疆勘探开发和深海油气开采技术进步，推动储能技术发展，推进非常规油气资源开发和生产，早日实现页岩气的大规模商业性开发。推动能源生产革命，鼓励社会资本投资于新能源资源的开发，提高对清洁能源和可再生能源发展的政策、技术和资金扶持力度，实现可再生能源对传统化石能源的替代。

（五）在需求侧不断提高能源资源的利用效率

明确节约能源的“责任目标”，分解目标、强化落实。加快技术创新，充分挖掘各行业以及各用能主体的节能潜力，大力鼓励资源节约和综合利用。推动可再生能源使用由工业、农业向商业和民用领域普及。

第八节　大宗商品供给安全的政策保障

一、完善战略储备制度

（一）适度扩大储备规模

加快推进多层次储备体系建设，完善政府储备、企业生产经营库存互为补充的储备体系。逐步加大原油、有色金属收储力度。当国际能源和有色金属价格处于历史低位的窗口期，结合国家储备规划目标，增加对外依存度高、战略意义大的原油、有色金属品种的储备量，将储备目标提高到保障国内90天消费量。进一步推动原油、金属和矿石储备基地建设，加快推进煤炭储备基地建设。鼓励地下储气库建设，鼓励大中型城市建立以LNG项目为主的应急储备，形成应对天然气突发性短缺的储备体系。布局增加铜、镍、锡以及支撑核心关键技术发展应用的铂族金属、钼、钨、铟、铌、钽、钴、铍、铼等一批重要品种的储备量。建设境外镍、钴、铌、钽、铂族等关键金属资源基地，提升我国战略金属矿产资源的安全保障能力和储备的价格调节能力。

（二）加快收储放储节奏和频次

通过加快收储放储节奏，放大储备在调节市场流通量和价格波动中的“乘数效应”，提升储备的价格调节能力和效用。尽快将储备库内长期未能轮出、物理性能已接近或达到储备要求临界点的商品进行轮出更新，使其能够满足工业生产和保障国家经济安全的需要。

二、完善重要能源资源监测、预警和应急反应体系

（一）完善重要能源资源监测、评估、预警体系

建立全球资源及市场信息收集、分析、决策系统。重点监测能源生产、消费、中转、运输、进出口数据。对供需缺口、价格波动以及其他影响资源安全的因素进行评估。确定安全指标和警戒线，按5级（即油气矿产短缺达到进口量的5%、10%、15%、20%、25%）建立相应的预警方案和分级响应机制。

（二）建立应急反应体系

制定和完善煤炭、石油、天然气、有色金属、铁矿石等能源资源的专项应急预案。完善应急法律法规和应急组织体系。明确中央和地方政府、各级能源主管部门、能源供应链相关企业在应急预警、应急储备、应急决策、应急响应等环节中的责任和分工。

三、防范大宗商品市场大幅波动风险

（一）防范大宗商品价格的大幅波动风险

加强对主要商品期货品种的价格异常波动的监测分析，警惕国内外市场流动性对大宗商品市场进行题材炒作；厘清大宗商品市场的风险敞口和可能的风险引爆点，防范大宗商品市场过度加高杠杆等行为

对风险的放大效应。

（二）防范大宗商品市场风险向其他市场传导

合理选择货币政策工具和时机，综合权衡政策对各个市场的影响，防止市场风险在期市、汇市、股市、房市之间的串联和放大。

（三）削弱金融风险与实体经济之间的相互传导

严格监控能源资源类大中型国有企业的金融衍生品投资，完善监管和交易信息披露机制，防范能源资源类实体企业“脱实入虚”及虚拟市场风险向实体经济传导。

四、完善鼓励需求侧低碳发展和供给侧能源转型的经济激励制度

（一）推进需求侧低碳节能，建立激励相容的环境经济激励政策体系

大力推广节能专项激励政策。发挥节能专项基金的作用，支持节能技术的研究、开发及节能项目改造。鼓励地方政府加大节能产品的补贴力度，对企业的清洁生产技术和资源节约型技术研发给予更大力度的税收减免。将节能产品纳入政府采购体系中，实现政府办公建筑、办公设备、装备等节能低耗。综合运用补贴、阶梯电价等政策来鼓励新建建筑和民用建筑使用节能型建筑外墙、节能型窗户、高效节能灯、高效节能中央空调系统、自然通风、遮阳及自然采光等节能措施。

（二）完善激励相容的政策体系，鼓励可再生能源发展

完善地区间的激励相容政策，解决可再生能源消纳和可再生能源

发电大规模并网问题，减少弃风弃光弃水现象。完善可再生能源金融支持政策。综合运用政府贴息贷款、低息贷款、发行可再生能源债券等多种方式，来开拓灵活多样的融资渠道，积极吸引国外资本和民间资本投资可再生能源行业。制定激励海洋能源资源开发的政策法规，加快海洋油气开发，打造能源安全的海洋战略接替区。

第八章　完善我国储备体制机制、更好发挥储备的价格调节功能——以有色金属储备为例

内容摘要：有色金属储备在缓和大宗商品价格大幅波动、维护市场平稳运行等方面发挥着重要作用。收储和放储是实现储备价格调节功能的主要方式。现阶段，我国有色金属储备体制机制存在一些短板和问题，比如储备规模不足、储备轮出频率偏低、收（放）储价格审批机制有待优化、收储资金到位不及时、决策实施效率有待提高等制约了储备价格调节作用的充分发挥。为更好地发挥储备的价格调节功能，建议适度增加储备规模，加快收储轮出节奏，优化收（放）储时机，加强财政资金拨付的及时性，优化储备管理体制与决策链条，建立政府储备与社会储备协同机制。

有色金属是关系国计民生的重要物资，是提升国家综合实力和保障国家安全的关键性战略资源。我国是全球第一大有色金属精炼品生产国、消费国和进口国，铜、铝、锌、镍等重要金属矿产原料的对外依存度分别高达73%、45%、30%和86%。2021年以来，国际大宗商品价格全面大幅上涨，国内保价稳供压力陡增。党中央、国务院高度重视储备在维护经济运行稳定、保障国家资源与能源安全方面所发挥的作用。现阶段，我国有色金属储备体制机制方面还存在一些问题，制约了储备及时、有效、充分地发挥其平抑价格大幅波动的功能。

第一节　有色金属储备相关概念

一、有色金属储备

有色金属储备是指为保障国防安全和经济安全等目的，国家对具有较强供应脆弱性或急缺的有色金属进行的储存。通过维持一定规模的库存量以保障重要有色金属的有效供给，缓和价格大幅波动。

作为国家储备的有色金属应符合以下标准：第一，具有广泛的终端用途且缺乏能够完全替代其功用的代用品。第二，该有色金属上游资源（比如矿石）的国内产量无法满足当前或未来需求。第三，国内进一步发现该商品上游重大资源矿体的前景不明或受制于自然条件无法显著扩大供给规模。第四，该有色金属或其上游资源的进口依赖程度高，通常在20%以上，且进口依赖程度没有下降的趋势。其中，第一、第二条标准是成为国家储备的必需条件，第三、第四条标准需至少满足其中之一。

有色金属储备是国家储备体系的重要组成部分，属于实物储备。储备形式是产品而不是未开采的资源（参见图8-1所示）。

二、收储

收储是指收储主体大批量从国内外市场中购买储备产品并储存起来。通常在储备产品价格下跌或低迷时进行收购，在价格上涨或供给紧

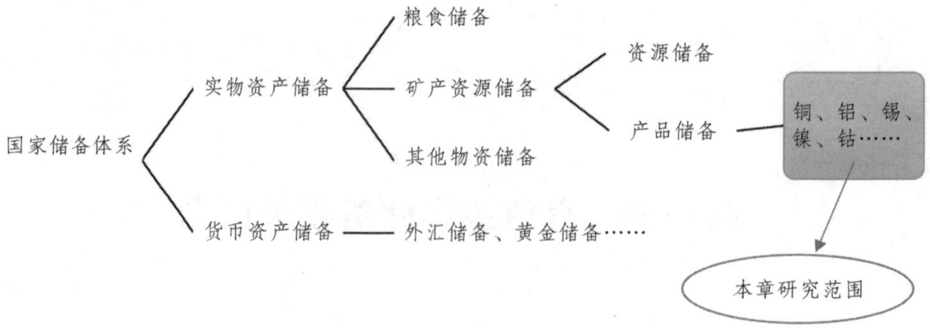

图8-1　国家储备体系及有色金属储备在其中的定位

缺时抛出，是用于保障供给、调控市场、稳定价格的一种市场机制。

收储可分为轮入收储和临时收储等形式。轮入收储主要是针对大宗农产品而采用的收储方式。临时收储是为了稳定市场价格，比如当有色金属主产区的市场价格低于临时收储价格时，由国家储备入市收购，引导市场价格回升。

三、放储

放储是指库存储备产品的释放。国家储备的动用分为正常的倒库轮换（轮出）和库存动用两种方式。储备轮出是根据技术上的要求，针对有色金属等物理性能会随时间发生变化的储备产品而实行的定期轮换出库。库存总量并不减少，每年轮换的数量占储备总量的一定比例，比如20%～30%。库存动用是国家为调节供求形势、稳定市场，以及应对重大自然灾害或者其他突发事件等情况而释放的储备库存。放储方式选择上既可以由相关部门在交易中心公开拍卖，也可以直接进入市场出售。

第二节　有色金属储备的功能、目标及实现方式

一、储备功能兼顾保价稳供与资源保护

（一）缓和价格大幅波动

有色金属价格的大幅波动会对经济发展和社会民生带来多方面的不利影响。首先，有色金属价格波动会由上游生产资料通过产业链向下游商品传导，大面积波及最终消费品。例如，精炼铜价格的大幅波动会传导至家电、电子产品、电力设备、建筑材料等价格。[1]其次，有色金属价格大幅波动会对企业正常生产经营造成冲击。有色金属价格上涨，一方面会使资源开采企业利润大增；另一方面会使电力、建材、交通、航空和铁路等行业成本大幅增加，造成业已不堪重负的制造业等全行业成本上升、效益下降。[2]储备能够在一定程度上调节有色金属供需缺口、平抑价格大幅波动，保障市场平稳运行和企业稳定经营。

---

[1] 实证研究发现，金属产品价格上涨50%将导致机械设备制造业产品价格上涨12.99%、建筑业上涨10.24%、建筑材料及其他非金属矿物制品业上涨5.65%、其他制造业上涨4.19%（王岳平，2004）。

[2] 实证研究表明，铁矿石价格的大幅上涨会使黑色金属矿采选业的产品价格、产出和就业大幅增长，中游的钢铁冶炼和加工业、电机制造业的价格大幅上涨，但涨幅显著低于铁矿石涨幅，产出、内需、出口和就业都显著下降，下游的汽车制造、船舶制造、建筑业和房地产的产出和就业小幅下降（刘宇，等，2011）。

（二）保障经济安全和国防安全

有色金属是国民经济、国防工业、科技发展必不可少的基础原材料。我国铜、铝、锌、镍等重要金属矿产原料高度依赖进口，必须通过保有一定数量的储备，防止金属矿产一旦供应中断造成的生产中断、威胁国民经济安全，以及供给不足导致的进口成本大幅提升。例如，金属锆是重要的稀有金属，主要用于核工业反应堆、航天航空工业和武器制造。战争时期其用量会急剧增加，一旦发生供应中断，将会造成不可估量的损失。

（三）保护稀有资源

储量和产量稀少的、不可替代的战略资源需要通过国家储备进行保障。例如，高新技术、国防尖端技术不可或缺的稀土的未来消费潜力巨大，但储量和产量却较为有限。因开采量过大，我国稀土保有储量不断下降，资源优势正在逐步丧失。按照目前的开采速度，再过几十年，世界上最大的白云鄂博稀土资源将大部分转到尾矿库，20年之后，我国独有的离子型稀土矿将消失。[1]实施国家战略储备能够有效保护稀土等稀有资源，提高我国稀有资源的供给保障能力和控制能力，在国际贸易中掌握更大的产品定价权。

二、根据储备功能来分类制定储备目标

（一）高抛低吸以维护市场平稳运行

为平抑价格大幅震荡、维护市场平稳运行，相应的储备目标是在

[1] 张忠，李振宏. 国家实施稀土资源战略储备的意义及方式建议[J]. 稀土信息，2010（3）.

有色金属价格剧烈波动时，减缓价格波动幅度和速度。将储备安全底线以上的储量用于调节市场，在价格持续高涨时平抑价格，在价格持续低迷时通过收储来提振价格。

（二）动态保持必要的储备规模以保障经济安全和国防安全

为保障经济安全和国防安全，储备目标应当是保持必要的底线储量。例如，满足国内有色金属60天的消费量。由于部分有色金属、稀有金属的物理性质会随时间而发生变化，不再满足其正常使用的技术指标要求，或因技术升级而面临淘汰，因而需要动态保持储备规模，根据储备商品性能变化的特点而定期进行储备轮换。

（三）适度增加储备以保护稀有资源

为保护稀有金属等稀有资源、满足未来经济社会所需，储备目标是在当期和未来之间合理分配稀有金属资源的使用量，并可以适度向未来倾向。

三、收（放）储是实现储备功能和目标的方式

为实现有色金属储备之缓和价格大幅波动的功能和平抑高价与提振低价的目标，相应的储备行为是在供大于求或价格低于目标价位期间从市场购买有色金属、增加储备；在发生或预计发生严重供不应求、价格持续高涨时向市场抛出部分储备。通过上述操作既可以获得一定的价差，又能够有效地调控市场。

为实现储备之保障经济和国防安全的功能和动态保持储备规模的目标，相应的储备行为是根据有色金属的季节性消费状况进行倒库。在有色金属消费旺季时高价位抛出部分储备，在消费淡季低价位购回

同样数量的有色金属以补充储备。对于无需每年倒库的储备商品，可根据该类有色金属的周期性波动规律，选择价格中长期波动的波峰轮出，在中长期波动的波谷进行收储。

为实现有色金属储备之保护稀有资源的功能和在当期和未来之间合理分配资源使用量的储备目标，相应的储备行为是适度增加储备，即使当时的市场处于供求平衡状态；制造适度短缺，提高稀有金属的价格，以鼓励资源的集约利用。

上述内容具体参见表8-1所示。

表8-1　国家储备的功能、目标与实现方式

功能	储备目标	实现方式	参照指标
缓和价格大幅波动	减缓价格剧烈波动的幅度和速度，平抑或提振价格	供大于求或价格低于目标价位期间增加储备，在发生或预计发生严重供不应求时释放储备	价格
保障经济安全	动态保持必要的储备规模	储备轮换。在有色金属消费旺季放出部分储备，在消费淡季购回有色金属以补充储备	储备量、物理性能等技术指标
保护稀有资源	在当期和未来之间合理分配资源使用量	适度增加储备，制造适度短缺，提高价格，鼓励集约利用	

资料来源：作者根据相关资料进行总结分析得出。

第三节 我国有色金属储备管理体制和收放储运行机制现状

一、我国有色金属储备管理体制现状

（一）有色金属中央储备由国务院、国家发展改革委、国家粮食和物资储备局共同负责

有色金属政府储备在中央层面的管理机构包括国务院、国家发展改革委、国家粮食和物资储备局等三个部门。国务院是有色金属政府储备的最高管理部门，拥有物资收储和动用的最终审批权。国家发展改革委国民经济综合司负责制定发布国家储备规划，拟定并协调国家储备计划，组织有色金属的收储、动用、轮换和管理，编制重要工业品和原材料进出口总量计划。国家粮食和物资储备局（以下简称国家储备局）负责具体拟定有色金属储备的战略和规划，所拟订的战略、规划、计划等报请国家发展改革委同意后，上报国务院审批，并负责组织有色金属的收储、动用、轮换和日常管理。

（二）有色金属地方储备正处于起步阶段

地方储备是国家储备的必要补充，两级储备体系能够相互呼应、相互支援，更有效地发挥安全保障和经济稳定器的作用。国家储备具有战略性、全局性、基础性、保障性，地方储备具有战术性、地域

性、即时性、灵活性。地方储备能根据区域特点更有针对性地构建储备，满足当地的经济社会发展和应对突发公共事件的需要。现阶段，有色金属、稀贵金属地方储备基本处于零星和分散状态。地方有色金属储备体系建设目前正处于试点阶段。

（三）有色金属储备实行三级垂直管理模式

有色金属储备实行三级垂直管理体制，分别为国家粮食和物资储备局等中央部门（行政机关）、各省市储备物资管理局与办事处（行政机关）和储备仓库（事业单位）。各省市储备物资管理局与办事处主要负责组织有色金属的收储、动用、轮换和日常管理，全国共设有22个管理局和4个办事处。储备仓库为正处级事业单位，作为公益性事业单位，仓库建设、改造由中央财政投资，仓库运行所需的仓库维护费、物资保险费、物资维护保养费、人工费、物资短途装运费等管理费用由国家财政拨款予以保障。全国共设有储备仓库数百座，另外还有数十个港口办事处、机关服务中心等辅助性事业单位。各省市储备物资管理局还成立了经营性公司（平台公司），利用自身资源开展经营活动来弥补财政经费的不足。

上述内容参见图8-2所示。

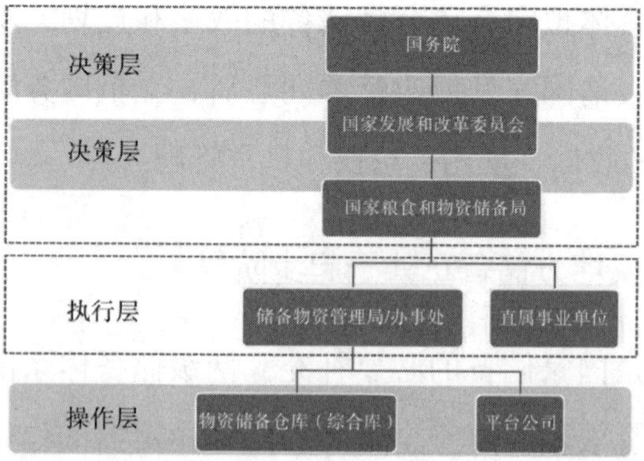

图8-2　国家有色金属储备管理机构示意图

二、我国有色金属储备运行机制现状

（一）收储的决策、执行与资金保障

从收储决策流程来看，首先由相关政府部门提出收储规划和专案，报国务院审批。批准通过后，下达给国家发展改革委综合司，再由国家发展改革委综合司下达给国家粮食和物资储备局。

从资金与价格审批流程来看，首先由国家粮食和物资储备局向财政部提出申请，财政部审核批准年度预算以及每一笔交易的具体价格、代理费数额等，再由国家粮食和物资储备局操作执行。

现阶段我国国家储备收储资金来源主要有四种：一是财政拨款。即由财政支付储备金属采购费用，这种方式会对财政形成较大的资金压力。二是银行贷款、财政贴息。承储单位在政府担保下获得银行贷款用于采购储备金属，财政出资补贴贷款利息。这种方式是当前筹措收储资金的主流方式，能够显著降低财政占款压力，提高财政资金使用效率。三是银行贷款、财政补贴部分费用。获得储备资格的承储企业向银行申请低息贷款作为采购资金，财政根据情况给予一定的政策优惠或资金补贴。四是建立储备基金，解决收储所需资金。

（二）储备轮出和动用的决策、执行与资金费用

从储备轮出决策流程来看，首先由一线仓库向国家储备局地方分局提出申请，地方分局上报国家储备局，国家储备局报国家发展改革委综合司审批。国家发展改革委综合司批准通过后逐级下达。

当需要动用储备时，由国家储备局提出储备动用建议，国务院掌握储备的动用权。

储备资金实行收支两条线管理。储备轮出和动用所发生的盈余上缴财政，亏损由财政安排预算予以解决。

第四节 我国收放储机制在缓和价格波动方面存在的不足

一、储备规模不足制约储备有效发挥价格调节功能

与有色金属供需总量相比，我国现阶段储备规模偏低，使得储备投放量过小，在缓和价格波动方面的作用偏弱。例如，为缓和铜、铝、锌金属价格的大幅上涨，2021年6月，国家储备局2021年第一批投放国家储备铜2万吨、铝5万吨、锌3万吨，[1]当月我国电解铜、电解铝、精炼锌产量分别为83万吨、318万吨、51万吨。2021年7月，国家储备局投放第二批国家储备铜3万吨、铝9万吨、锌5万吨，[2]当月我国电解铜、电解铝、精炼锌产量分别为83万吨、328万吨、51万吨。由于抛储规模过小、低于市场预期，导致铜、铝、锌价格非但没有明显回落，反而一度出现反弹上涨。[3]

二、储备轮出频率偏低，储备调节功能难以体现

储备金属长期未轮出问题突出。我国上一次公开投放国家储备

---

[1] 参见国家粮食和物资储备局公告（2021年第2号），网址是http://www.lswz.gov.cn/html/tzgg/2021-06/16/content_266225.shtml。

[2] 参见新华社播报的《国家储备铜铝锌将再次投放17万吨》，具体网址是 http://www.lswz.gov.cn/html/tzgg/2021-06/16/content_266225.shtml。

[3] 参见报道《国家储备局2021年第一批投放的铜储备2万吨、铝5万吨、锌3万吨 规模低于预期 铜铝锌价全线反弹》，网址是http://mall.lingtong.info/post/show/65597。

铜是在2005年，时隔16年。上一次公开投放国家储备铝是在2010年，时隔11年。储备金属轮换节奏过慢，使得储备之缓和价格高涨的功能无法实现。储备金属本身也因物理性能的变质、技术的淘汰而发生贬损，不利于保障国家资源安全和经济安全，并造成财政资金的浪费。

三、收放储价格审批机制有待优化

（一）收放储价格审核滞后

国家储备局虽然负责操作执行购买储备商品，但没有选择收储时机和价格的相机决策权，收储价格需由财政部审批，甚至一事（每一笔交易）一报、一事一批。财政部审批不但用时久长，而且具有不确定性。财政部审批滞后造成了多方面的不利影响，具体如下。

首先，大宗商品价格高度市场化，价格瞬息万变、波动剧烈。耗时久长的财政审批极易使一线操作部门错失最佳的买入时机和获得最低的收储价格，造成巨额的隐性损失。

其次，国家储备局与供货商签订收储商品的购入合同后，由于财政审核无限期滞后，财政所拨的货款迟迟不能到位，中小供货商难以承受被拖欠的大额货款，不愿将大宗商品卖给国家储备局。

最后，因为入库价格未能确定，金属轮出时就无法依据入库价（成本价）来确定竞拍的底价，影响储备金属的及时轮出。

（二）价格审核方式机械

有色金属收储价格（单价）由均价和升贴水两部分构成。用公式表示为：单价=均价+升贴水。

现阶段，我国有色金属收储价格的确定依据为：均价根据伦敦金属交易所（LME）公布的现货月均价格（美元）确定。升贴水可取固定升贴水或浮动升贴水。固定升贴水由双方合同约定。浮动升贴水根据英国《金属导报》和上海有色金属网公布的当月平均升贴水确定。不允许使用点价方式确定价格。[1]

现行收储定价采用月度价格存在显著的滞后性。有色金属市场瞬息万变，价格波动剧烈。与采用交易当日期货价格作为基价的点价方式相比，采用月度价格等低频数据容易与真实的市场走势脱节较大。在我国，只有严格遵照伦敦金属交易所（LME）、英国《金属导报》和上海有色金属网确定的月度收储价格才能通过财政审批，事后还要对收（放）储价格进行审计。这从体制机制上制约了国家储备部门根据更有效的价格指标选择最优的收放储时机，优化收放储价格。具体参见专栏8-1所示。

专栏8-1　均价定价与点价定价

定价方式主要有均价和点价两种方式。均价是指某一时间内某一个标的的具体价格的平均价，是成交量的加权平均价格。例如，期货月均价，是指当月16日到下月15日上海期货交易所某个合约结算价的平均价。点价是指实物贸易中在约定的点价期内以约定的价格标的作为点价基价进行定价的方式。这里的价格标的即现货价格和期货价格，买卖双方可以点期货盘面上某个合约的价格，也可以点现货价格。

点价交易分为买方点价交易和卖方点价交易。买方点价交易是指点价的权力在买方，卖方点价交易是点价的权力在卖方。但是点价期是双方最后确定出来的。如果一个企业要延长行使点价权期限的时候，也要双方进行协议并付出一定代价。

[1] 点价方式下，不直接确定商品价格，只确定升贴水，在约定的“点价期”内以国际主要期货交易所某日的期货价格作为点价的基价，加上约定的升贴水作为最终的结算价格。

（三）国家储备部门缺乏激励，收储轮出价格的市场化水平不足

首先，有色金属收储、轮出产生的盈亏都归属于财政，对国家储备部门优化价格、高效节约使用财政资金的激励不足。其次，储备轮出不允许亏损。在现有的管理体制下，轮出价格低于进价要追究相关人员的责任，一些储备商品因物理性质变化而导致价值大幅降低，但无人愿意负责将其轮出，使其继续占用仓储资源和财政资金。

（四）到货价格有待实现标准化

国家储备局通过市场公开招标确定出库价格，买方需要在此基础上再支付从仓库提货和运输的费用之后，才构成最终的到货价。买方从不同的国家储备下属仓库提货所支付的运输等各项费用有显著差别。非标准化的交易费用不但造成商品到货价格难以标准化，而且被买家诟病较多。

四、收储资金到位不及时，对收储支持不足

（一）合规资金有时未能及时、足额到位

收储全过程都需要以资金为支撑，国家储备收储需要财政资金的及时到位才能有序进行。在国家储备局进行收储时，财政预付款突然中断，会严重妨碍收储工作的正常进行，造成国家储备错失最佳的收储时机，不但无法优化收储成本，而且削弱了国家储备维护市场平稳运行的重要职能。

（二）优化收储价格、时机和风险控制缺乏财政资金的支持

首先，由于财政不提供用于追加保证金的所需资金，收储部门无法采用更合理、更优化的点价方式来采购大宗商品。其次，收储物资进口采购受汇率波动的影响较大，由于财政拨付资金到位的时间不确定，收储部门无法在期货市场上进行套期保值、锁定最优价格。

五、决策体制不尽合理，决策实施效率有待提高

储备运作效率主要表现在价格波动的信息是否及时反映到决策部门，决策过程是否简单有效，决策确定后的具体落实速度是否迅速，储备是否能及时干预调控市场供求状况，储备商品轮出的公开竞价机制是否能获得最优价格等。

（一）从决策方面来看，现有决策体制链条较长、效率偏低

收储由相关政府部门提出收储规划和专案，报国务院审批。批准通过后下达给国家发展改革委综合司，再由国家发展改革委综合司下达给国家储备局。储备轮出由一线仓库向国家储备局地方分局提出申请，地方分局上报国家储备局，国家储备局再报国家发展改革委综合司审批。然后国家发展改革委综合司批准通过后逐级下达。一方面，财政部、国家发展改革委综合司都是综合性很强的宏观部门、职能覆盖面很广，长期远离储备业务一线，难以掌握具体储备品种所需的专业知识，难以及时监测分析价格波动情况和正确判断价格走势。加之业务繁忙，没有足够的人力、精力顾及储备业务。另一方面，国家储备局、地方储备局和基层仓库都没有收储和放储的自主决策权，无法根据市场波动情况及时快速地进行收储、放储和选择价格。这种决策

机构和流程安排对于及时、准确作出收储、轮出和价格决策形成较大阻碍，往往错失平抑价格大幅波动的最佳时机。

（二）从实施方面来看，国内收储过程的手续烦琐

由于竞标、供货手续复杂、要求多，供应商参与的积极性普遍不高。竞标者数量过少，难以产生最优的收储价格，效率和效果不尽如人意。

六、社会资源与市场化运作未能有效运用

（一）政府与社会的储备协同机制有待建立

在现有政府储备管理模式下，我国政府出资建立储备，承担储备运行发生的所有费用，成立专门机构负责收储采购、储存保管、轮换出库等储备运行管理工作，投入和运行成本较高。企业代储等模式在减轻财政支出负担和资金占用、利用社会闲置仓储资源、提高管理效率等方面的优势未被有效利用。

（二）市场化运作水平有待提升

国家储备系统上层是机关，下层的“腿”和“脚”踩在市场上。国家储备系统下属公司的市场化运作受制于行政体制，开展业务灵活性不高。国家储备游离于产业链之外，脱离市场主渠道，导致储备商品轮换的渠道不畅通，影响了轮出的效率和效果。

第五节 更好发挥储备功能的政策建议

一、适度增加储备规模，加快收储轮出节奏

（一）逐步加大收储力度

将有色金属储备目标进一步提高为保障国内90天消费量。待国际有色金属价格处于历史低位的窗口期，结合国家储备规划目标，增加对外依存度高、战略意义大的有色金属品种储备量。布局增加铜、镍、锡，以及支撑核心关键技术发展应用的铂族金属、钼、钨、铟、铌、钽、钴、铍、铼等一批重要品种的储备量，加大稀贵金属占综合物资储备的比例。逐步增加储备能力，提高我国储备的价格调节能力和资源安全保障能力。

（二）加快储备金属轮出的节奏和频次

在增加储备量的同时，通过加快收储轮出节奏，放大储备在调节市场流通量和价格波动中的“乘数效应”，提升储备的价格调节能力和效用。尽快将储备库内长期未能轮出、物理性能已接近或达到储备要求临界点的商品进行轮出更新，使其能够满足工业生产和保障国家经济安全的需要。

二、优化收（放）储时机，提升储备的价格调节功能

（一）根据有色金属价格的周期性波动规律，结合储备功能来分类优化收储和轮出时机

应在有色金属价格出现持续、大幅上涨，且处于周期性加速上升阶段、未达到波峰的时候及时放出储备；在价格持续低迷，处于周期性波动底部区域时进行收储，实现平抑价格大幅波动的储备功能。

应在市场价格接近中、长周期的波峰之前放出储备，在价格到达波谷之前进行收储，以保障储备处于良好状态，实现保障经济安全的功能。

应结合储备规模要求，在价格处于相对低位或处于下降阶段分批次进行收储，以实现保护稀有资源的储备功能。

（二）短期内加快价格审批速度

在收（放）储决策体制改革完成之前，应加强部门间的横向沟通机制，建立由国务院牵头的纵向协调机制，着力解决财政部价格审批滞后的问题。

（三）放宽收储价格参照依据的范围，优化参照指标

允许收储时选择和参照更高频的日度期货市场交易价格，允许采用点价等方式确定收储价格。综合参考国际和国内市场、期货和现货市场价格，确定收储价格。

（四）实现价格标准化和管理规范化

建议各省市储备局根据地域面积的不同，确立一个或几个标准

提货仓库。买方到省市内任一标准仓库提货的交易和运输费用完全相同。国家储备系统负责从其他仓库到标准仓库的短途运输并承担费用。严格查处收取额外费用等违规行为。

三、加强财政资金拨付的及时性

保障财政预付款等收储资金的及时、足额到位。探索实施财政拨付保证金机制，使收储部门能够在期货市场上进行套期保值，规避从国际市场采购有色金属的汇率波动风险。为期货市场套期保值建立完备的监管机制、风险控制制度和内部管理制度。

四、优化储备管理体制与决策链条

中长期内按照重要性对有色金属储备实行分类管理。对国家具有重要战略意义的稀土储备，可继续沿用现有的收（放）储决策模式，由国家发展改革委综合司审批收储和轮出计划，由财政部审核收储价格。对于有色金属、稀有金属等普通储备商品，建议将收储轮出决策权和具体交易的价格决策权交给专业性更强、更接近一线的国家储备局。

五、建立政府储备与社会储备协同机制，完善市场化运作以提高储备运行效率

（一）建立中央储备与地方储备协同联动的政府储备体系

政府储备可实行以中央储备为主、地方储备为补充的分级储备体制。完善顶层设计和统筹规划，统筹全国储备金属的数量和质量，建立统一调度、协调联动、资源共享的运行机制。充分发挥中央储备

的战略性、整体性、稳大局、保底线优势和地方储备的灵活性、特色化、及时性优势。

（二）优化政府储备与社会储备的协同联动机制

找准战略物资储备与企业发展的契合点，积极探索政府储备与企业储备融合式发展模式。制定国家储备与企业协同收储、轮换和动用制度，发挥协同作用。优化联动机制，保障民间储备依法运行、安全管理、调配顺畅。

（三）拓展代储企业范围，创新企业代储模式

创新民间资本参与方式，允许民间资本以直接建立储备、管理运营储备、发行储备债券、持有国家储备企业股份等多种方式参与储备工作。重点发展诸如直接购买企业库存、原地委托企业代储，委托企业进口、租用库容代储，利用企业渠道、委托企业轮换这三种模式。企业须保证储备物资的库存不低于国家最低库存要求，企业有权自主处置最低库存以上的库存物资。依托企业管理能力和条件，提升储备管理和运行效率，降低运营成本，保障储备物资质量。

（四）开拓储备轮出渠道

委托产业链中能够打通上下游生产和销售环节的龙头企业，采用银行贷款+财政贴息的出资模式，积极开拓储备流通渠道。引入第三方监管为储备轮出提供保障。

参考文献

（美）罗纳德·麦金农．热钱、大宗商品价格周期和中美金融抑制：美国近似零利率政策的后果[J]．国际经济评论，2013（4）．

（英）苏珊·斯特兰奇著．国家与市场（1988年第1版）[M].上海：上海人民出版社，杨宇光等，译.2006.

（英）马苏玛·法如奇等．中国崛起与全球大宗商品定价——全球资源体系的重构[M]．上海：上海社会科学出版社，2015.

曹建军．英国天然气产业的发展及其启示[J]．中国物价，2004（1）．

陈新年.西方经济周期性波动的新特点及其变动趋势[J].宏观经济研究，2000（5）．

陈甬军.中国现代市场体系改革三十年[J].企业经济，2009（3）．

陈文玲.建设中国现代市场体系的回顾与展望[J].市场营销导刊，2006（1）．

段言志，史宇峰，何润民，李孜孜．欧洲天然气交易市场的特点与启示[J]．天然气工业，2015（5）．

高运胜.伦敦金属交易所（LME）交易制度及其启示[J].海南金融，2014（5）．

高环成，杨静．基于历史视角的大宗商品价格周期变化研究[J].市场营销，2013（6）．

国家发展改革委办公厅．推动健全国家储备制度的进展、问题和相关建议[R]．国家发展改革委信息，2018-2-28.

国家发展和改革委员会市场与价格研究所.高质量发展背景下的市场运行研究[M].北京：经济科学出版社，2018.

国家发展和改革委员会市场与价格研究所.市场决定的伟大历程：中国社会主义市场经济的执着探索与锐意创新[M].北京：人民出版社，2019.

国家发展和改革委员会市场与价格研究所.深化市场经济体制改革的思路与重点研究[M].北京：中国市场出版社，2021.

国家发展和改革委员会市场与价格研究所. 贯彻落实双循环战略 防范重大市场风险[M].北京：中国市场出版社，2022.

黄燕芬，杨宜勇.发达资本主义国家的价格政策及其启示[J].中国工业经济研究，1993（11）.

黄河，谢玮，任翔.全球大宗商品定价机制及其对中国的影响:结构性权力的视角——以铁矿石定价机制为例[J].外交评论（外交学院学报），2013（2）.

李薇. 石油价格波动影响宏观经济运行的传导机制研究[J].世界经济情况，2008（2）.

李乾孙，翁鸣晓. 库存周期与大宗商品价格[J].上海金融.2012（9）.

刘树杰.价格机制、价格形成机制及供求与价格的关系[J].中国物价，2013（07）.

刘泉红等.建设高标准市场体系[M]. 北京：中国计划出版社，2022.

刘宇，张亚雄，张海森. 铁矿石价格上涨的宏观经济影响[J].国际商务:对外经济贸易大学学报，2011（1）.

刘庆海.建立中国天然气定价基准之研究[D].内蒙古农业大学，2017.

罗贤东.汇率与大宗商品、黄金和石油价格的关系研究[J].财政研究，2011（1）.

吕淼.英国构建天然气交易市场的经验与启示[N].中国能源报，2018-4-30.

吕云龙.大宗商品价格波动传导效应——基于投入产出价格模型的分析[J].上海经济研究，2022（2）.

上海期货交易所.国际大宗商品市场变化和价格走势影响及对策研究——有色金属（内部资料）[R].2016.

史丹.国际油价的形成机制及对我国经济发展的影响[J].经济研究，2000（12）.

施训鹏.欧洲天然气交易枢纽发展经验及其对中国的启示[J].天然气工业，2017（8）.

孙泽生，宗毅君.贸易媒介、定价格局与国际石油市场演变——对石油史的新阐释[J].国际石油经济，2009（12）.

王学庆，杨娟.三十年价格体制改革的历程、成就与经验[J].中国物价，2008（9）.

王岳平.金属产品价格波动的影响[J].中国经贸导刊，2004（10）.

王立清，杨宝臣，苏云鹏.国际大宗商品价格波动对我国影响的研究——以石油、小麦和大豆为例[J].价格理论与实践，2010（7）.

汪五一，刘明星.目前我国期货市场发展中的问题及解决建议[J].经济管理，2006（10）.

王鹏，曾铮."跨国粮企"全球定价的纵向一体化战略浅析[J].中国物价，2010（6）.

谢明旸.我国大宗初级商品进口价格变化对 CPI 的影响——以原油、铁矿石和大豆为例[J].价格理论与实践，2011（1）.

新湖期货研究所.资本周期与大宗商品价格[J].上海金融，2012（11）.

许光建.规范价格指数编制和发布 合理引导市场价格形成[J].中国经贸导刊，2021（14）:21-22.

许光建，吴珊，吴岩，戴李元.国际原油价格变动对我国物价水平的影响[J].价格理论与实践，2015（9）.

徐婧，孙泽生.国外三种天然气交割模式比较研究[J].国际石油经济，2015（10）.

杨娟.政府价格管制的主要范围[J].中国物价，2008（8）.

杨超，对大宗商品周期趋势的深入分析——基于历史、供求和现实的视角[J].当代经济管理，2012（12）.

周适.我国大宗商品市场体系建设的理论逻辑 更好服务和引领实体经济发展[J].价格理论与实践，2020（11）.

周适.全球大宗商品价格形成主导权研究及应对之策——基于结构性权力分析框架[J].价格理论与实践，2021（2）.

周适，杨宜勇.完善有色金属储备机制优化储备价格调节功能[J].中国物价，2021（9）.

周适，刘泉红，付文飙.实现优质优价的问题、根源和对策研究[J].价格理论与实践，2018（9）.

周适.面向2035年的高标准市场体系建设研究[J].价格理论与实践，2022（1）.

周适.高标准市场体系建设研究[J].中国物价，2021（8）.

张忠，李振宏.国家实施稀土资源战略储备的意义及方式建议[J].稀土信息，2010（3）.

张纯记.我国大宗商品交易市场问题与对策研究——基于平台经济的视角[J].学理论，2015（31）.

朱险峰，俞坤丰.从周期角度看全球经济及国际大宗商品价格的发展趋势[J].中国物价，2015（11）.

邹东涛，欧阳日辉.中国经济发展和体制改革报告:中国改革开放 30 年（1978—2008）[M].北京：社会科学文献出版社，2008.

Bakhtiari, 1999, "The price of crude oil", OPEC Review, 3, pp.1–21.

Barnhart S.W., 1989, "The Effects of Macroeconomic Announcements on Commodity Prices", American Journal of Agricultural Economics, 71（2）, pp.389–403.

Belke A, Borden I G, Hendricks T W., 2010, "Monetary policy, global liquidity and commodity price dynamics", DIW Berlin Discussion Papers, No. 971.

Borensztein E., Reinhart C.M., 1994, "The Macroeconomic Determinants of Commodity Prices", IMF Staff Papers, 41（2）, pp.236–261.

Brennan M J., 1958, "The supply of storage", American Economic Review, pp.50–72.

Fama, French, 1988, "Business Cycles and The Behavior Of Metals Prices", Journal of Finance, 43（5）, pp.1075–1093.

Gordon and Rouwenhorst, 2006, "Facts and Fantasies about Commodity Futures", Financial Analysts Journal, 62（2）:47–68.

Hess D., Huang He, Niessen A., 2008, "How do Commodity Futures Respond to Macroeconomic News?", Financial Markets and Portfolio Management, 22（2）, pp.127–146.

Labys, Badillo, Wu, 1999, "Identifying Trends and Breaks in Primary Commodity Prices", European Journal of Finance 5（4）, pp.315–330.

Nichols, Zeckhauser, 1977, "Stockpiling strategies and cartel prices", Bell Journal of Economics, 8（1）, pp.66 – 96.

Oxera, 2007, An Assessment of Potential Measure to Improve Gas Security of Supply. Report to DTI, London.

Pindyck, 1979, "Interfuel substitution and industrial demand for energy: An international comparison" , Review of Economics and Statistic, 61（2）, pp. 167–179.

Robert Dahl, The Concept of Power, Behavioral Science. 1957.Vol.2.No. 3.202~203.

Singer S F., 1989, "How to trim oil imports; dampen price swings" , Journal of Policy Analysis and Management, 8（1）, pp.116–119.

Williams Jeffrey C., Wright Brian D., 1991, "Storage and Commodity Markets" , Cambridge University Press.

Working H., 1948, "Theory of the inverse carrying charge in futures markets" , Journal of Farm Economics, pp.1–28.

Michael Ye, John Zyren, Joanne Shore, 2006: "Short–Run Crude Oil Price and Surplus Production Capacity," International Advances in Economic Research, International Atlantic Economic Society, 12（3）, pp. 390–394.